セックスのほんとう

一徹

はじめに

僕たちはAVでセックスを学んできた

突然ですが、あなたは、セックスのやり方を学んだことはありますか？

人のセックスを見る機会は日常にはありません。ですから男性の場合、知らず知らずのうちにアダルトビデオ（ＡＶ）をセックスのお手本にしていたという人が多いのではないでしょうか。

一方、女性は付き合っている男性からセックスを学んだという人が多いと言われています。ということは、男性は直接的に、女性は間接的に、ＡＶのセックスのやり方に影響を受けてきたことになります。

実はここに、男性と女性がセックスですれ違ってしまうひとつの要因があります。

僕は、15年前にＡＶ男優になり、これまでに３０００本を超える作品に出演してきました。仕事でご一緒した女優さんの数も約３０００人になると思います。

AVのセックスには、〝演出〟があります。AVには、観る人たちの欲望をかなえるための、ファンタジーが盛り込まれているからです。男優も女優もスタッフ陣も、その世界観を演出するために、いろんな工夫をしています。

その作られたファンタジーをお手本にして実際のセックスをしてしまうと、パートナーを傷つけたり、悩ませてしまったりすることもあります。

これまで僕は、講演会やイベント、オンラインサロンなどで、「どうして自分はセックスでイケないんでしょうか」「恋人とのセックスが痛くて辛いです」といった、女性からの相談を受けてきました。

たしかに、AVでは女性は必ずといっていいほど、オーガズムに達しています。潮吹きのシーンもよく映されます。ですから、セックスをすれば女性は必ずイケるものだ。イケないのは男性のテクニック不足か、女性が不感症だからだと、考えてしまう人がいるのも無理ありません。

けれども、実際に挿入した状態で女性が中イキできることは、めったにありません。もともと中でイケる女性は、全体の3割以下だと言われています。

男性の激しい愛撫も同様です。男優さんが指を何本も使って強い刺激を与え、女優さんはそれに感じるというシーンもよくあります。

しかし、それもやはり、カメラ映えさせるための演出で、実際に僕たちは女優さんの性器を傷つけないように、爪を切り、体重をかけず、細心の注意を払って撮影をしています。

「女性向けAV」で行われているセックスとは？

男性向けのＡＶ市場が古くから存在していたのに対して、女性向けのＡＶ市場は、この10年で大きくのびました。

僕自身も、女性が作る女性のためのＡＶメーカー「シルクラボ」の作品に設立当初から出演させていただきました。専属俳優として4年半活動し、今は女性向けのＡＶレーベルを自分で立ち上げました。


男性向けのＡＶと、女性向けのＡＶは、同じセックスを扱っているにもかかわらず、ずいぶん内容が異なります。

たとえば、女性向けのＡＶではセックスの会話やスキンシップといった、心のつながりが重視されます。コンドームをつける描写もシルクラボの女性向けのＡＶではマストですし、指も基本的には1本しか挿入しません。顔射もありません。お互いを大切に思っていることがわかるような、ラブラブ感、いちゃいちゃ感が特徴です。

僕が演者として出演させていただいたシルクラボは、スタッフのほとんどが女性でした。これまでの男性向けＡＶに対する女性の不満をすべて排除して、女性同士ディスカッションを重ねて作品を作っていました。

もちろん、女性向けのＡＶにも女性のファンタジーがつまっています。

ですが、男性向けのＡＶよりは、リアルに近い女性の願望がわかるものになっていると感じます。実は男性は、女性向けＡＶを参考にするほうが、女性からは喜ばれるのではないかと思います。

セックスの不幸なすれ違いをなくすために

ＡＶには演出があります。

そして女性向けＡＶは、男性向けＡＶとはずいぶん内容が異なります。

　このように言い切ってしまうと「男の夢を壊すな」と怒られてしまうかもしれません。でもこのようなことをあえてお伝えするのは、前に書いたように、ＡＶの知識を元にした男性の、間違ったセックス観に悩んでいる女性が多いからです。

ＡＶをお手本にして激しい愛撫をされるのが痛くて辛い
イカないと彼が不機嫌になるのでいつもイッたふりをしている
一生演技をしなくてはいけないのだろうか

　そんな悩みを持つ女性が世の中にはたくさんいます。中には、彼とのセックスで深刻なトラウマを抱え、セックスが怖くなってしまったという女性もいます。

　セックスにおける男女のすれ違いを、少しでも減らしたい。

　僕だけではなく、ＡＶ業界で働くスタッフや役者たちは、機会があるごとに、ＡＶはファンタジーであることを伝え、性に対する正しい知識を啓蒙する活動を行ってきました。

そんな活動を続ける中で、一昨年、インターネットメディアの「ハフポスト日本版」の取材に答える機会がありました。そこで『AVが教科書』のせいで女性は悩んでいる」というタイトルの記事が掲載されると、ありがたいことにたくさんの方に読んでもらうことができ、女性からも男性からも大きな反響をいただきました。

女性からは「自分のパートナーにも、このことを知ってほしい」という声が多かったですし、男性からは「自分が勘違いしていたことに気づいた」という声をたくさんいただきました。

この時の反響が、この本を書くきっかけになりました。

「演出やファンタジーを取り払った、セックスのほんとうについて考える本を作れないだろうか？」と、ハフポストの編集部の方に提案いただいたのです。

ほとんどの男性は、自分のパートナーに気持ちよくなってほしいと思っているはずです。だとしたら、AVを（とくに男性向けのAVを）教科書にして、大切な彼女を傷つけてしまうのは、男性にとっても不幸なことです。

逆に、男性が正しい知識を持てば、女性も不安なくセックスを楽しむことができるようになりますし、彼女がセックスを楽しんでくれることは、男性にとっても嬉しいことであるはずです。

この本では、僕自身が、AVの撮影現場で知ったこと、女優さんや女性のファンのみなさんから教えてもらったことをお伝えしていきます。

1章では、AVというファンタジーについて。AVの現場ではどんな演出をしているか、みなさんに知ってもらえたらと思います。

2章では、女性向けのAVの特徴を解説しながら、女性が喜ぶセックスについて考えていきたいと思います。

3章では、AI時代、VR時代、そしてセクハラが厳しく追及される時代に、これからのセックスが、どのように変わっていくのかを考えていきたいと思います。

そして最後に、AV女優の紗倉まなさんとの対談で、女性目線のセックスも紐解いていきます。

みなさんのパートナーとのセックスが、より楽しく素敵なものになるための、お役に立てたら嬉しいです。

CONTENTS

3章 これからのセックスはどう変わる？

対談 紗倉まな×一徹

1章

AVというファンタジーから抜け出そう

童貞のまま死ねるか！

ＡＶのファンタジーについて語る前に、少しだけ僕がどうしてＡＶ男優になったのかについて話をさせてください。

今でこそＡＶ業界でエロメンなどと呼んでいただいていますが、昔の僕はそれはそれはダサくてあか抜けない男でした。初期の僕の映像を見た方に「イッテツ」ならぬ、「イモテツ」と呼ばれていたほどです。（もしご興味がありましたら「一徹　学生時代」で検索して下さい。）

モテる、モテない以前に、女性ともろくに話ができない。それなのに人並みに、というより、人一倍性欲が強かったので、もんもんとしながらオナニーをする毎日でした。

僕の世代は、「ノストラダムスの大予言」が大流行した世代です。今考えると笑ってしまうのですが、中高生の頃は1999年に地球が滅亡するという予言を真に受けて「童貞のまま死ぬのはいやだ！」と真剣に思っていたバカでした。

もちろん、世の中に恋愛やセックスのHOW TO本はありました。でも、「好き」と伝えたあとに、どうすれば彼女に「素敵♡」と思われ、セックスまでこぎつけられるのかが、さっぱりわからない。

もし強引にセックスに持ち込んで、嫌われたらどうしようという気持ちもありました。紳士なふりをして女性と一緒にいるのに、そこでセックスしたいなんて伝えたら「どうせ私の体が目当てだったんでしょう」と怒らせたりしないだろうか。そんな不安もありました。

当時読んだ雑誌の北方謙三先生の連載には、「童貞の男は風俗に行きなさい」と書いてありましたが、その勇気もなく……。結局、長い間、童貞をこじらせている人間だったのです。

大学時代は公認会計士になろうと思っていたのですが、卒業しても資格試験に受からず、就職しようにも行き場がない状況でした。

当時僕は25歳。かろうじて、2人の女性とのセックス経験がありました。でも、あまりに性欲が強すぎたので「激しすぎて痛くて無理」と言われたり、「中はそんなに気持ちよくない」と言われたりするなど、彼女にいろいろ教えてもらうようなレベルでした。

仕事が見つからないので「このままどうやって生きていけばいいんだ」という焦りと、「俺はセックスもまともにできずに死んでいくのか！」という焦りが二重につのっていた時のことです。

ふと、オナニーのおかずを探していた時に目にとまった「ＡＶ男優募集」の広告を見て、何かがパンとはじけました。

「もういいや！　自分が一番やりたいことをやってやろう！　ＡＶ男優になったら、きっとたくさんセックスできるだろう！」と、勢いで応募したのが、この業界に入ったきっかけでした。

風俗に行くのは怖かったのに、ＡＶ男優になるのはいいと思った理由は自分でもよくわかりません。

とにかく、僕はそこに書かれていた宛先に連絡をしました。

その時は何も知らなかったので、あとからわかることなのですが、募集されていたのは、いわゆる「汁男優」という、顔も出ない男優の役でした。それでも、AV業界は、僕にとってパラダイスでした。

だって、AVの現場では、スケベなことが堂々と肯定されているんです！ モテないから家に引きこもってスケベな感情を悶々とこじらせていた時とは、全然違います。

自分の中のスケベな感情を素直に認めることができたのが、僕にとっては大きな変化でした。

・自分の性欲を素直に認める

師匠、しみけんさんを完コピする

ＡＶ男優になってからは、人気男優のしみけんさん（清水健さん）を師匠のように慕って、何をするのでもしみけんさんの真似をしました。

以前の僕は、モテる男性なんて「けっ」と思っていました。女性をとっかえひっかえする軟派な男はロクでもない男で、一途な愛を貫き通す男性こそ、男らしいと思っていたのです。いえ、思っていたというよりも、自分がモテないから、モテる男性がうらやましくて、けしからんと思っていたのでしょう。

でも今、僕は、**「モテたい、今よりかっこよくなりたいと思ったら、モテる人の真似をするのがいいよ」**と伝えています。

自分にとって〝うらやまけしからん人〟は、自分が必要としているものを持っているはずです。そのうらやましさを認めて、素直に教えてくださいと言えば、意外と親切にアドバイスをくれるかもしれません。懐に飛び込んだほうがいいと僕は思います。

しみけんさんは、僕の性欲を肯定してくれる人でした。自分の性欲を出しても認めてくれる、笑ってくれる人もいるんだと思ったら、僕の存在自体も肯定されたような気持ちになりました。

僕は、しみけんさんのようにモテる男になりたい、好きな人と付き合えるようになりたいと思い、できる限りしみけんさんの真似をして完コピするようになります。

まず、当時住んでいた八王子から、しみけんさんの家の近くに引っ越しました。そして、撮影現場に同行できる時はできるだけ同行して、しみけんさんが出ているAVを可能な限り見て研究しました。それだけではなく、しみけんさんと同じジムに行って、しみけんさんを真似てバイクも買って、プライベートの時間のほとんどを、しみけんさんにくっついてまわりました。

出会ってすぐに「即行ジムに通って肉体改造したほうがいい」とアドバイスしてくれたのも、しみけんさんです。当時の僕は、身長174センチ、体重が58キロしかなくて、ひょろっとしたマッチ棒のような体型でした。肩幅が狭いので、頭が大きく見えるのもコンプレックスでした。

でもしみけんさんは「人は見た目が9割。肩に筋肉をつければ、バランスも変わってくるから」と言って僕をジムに連れ出してくれたのです。「今は貧乏かもしれないけれど、給料が出たらちゃんと服を買いなさい、あと、脱毛もしなさい」とも教えてくれました。


見た目の部分だけではなく、コミュニケーションも、しみけんさんを完コピしようとしました。

しみけんさんは、女性への声かけがすごく上手な人です。昔のAVではナンパロケがありました。僕はこれが苦手でした。声をかけるのも苦手だし、頑張って声をかけても変な目で見られるし、くじけそうになる。誰にも相手されないと、本当にみじめな気持ちになります。そのうち、ナンパロケは自然とお声がかからなくなりました。

でも、しみけんさんは僕と全然違いました。「3秒ルール」というのを決めていて、「この女性に声をかけよう」と思ったら、必ず3秒たつ前に声をかけます。3秒以上たつと、怖くてマイナスのことを考えてしまうからだそうです。声をかけて断られたとしても相手の女性を悪く言ったり文句を言ったりしない。ありがとうございましたと言って去る。そうやって100人くらい声をかけていくと、だんだん自尊心も麻痺してきます（笑）。

もし、あなたが今、女性に対して自信を持てないのであれば、**自分のお手本になる身近な人に勇気を出して声をかけ、できるだけ真似る。**全部は無理だとしても、できるだけ完コピするのがいいと思います。真似できないところは、むしろ自分の個性だということが、あとでわかってきます。

そんなこんなで「イモテツ」も、徐々に女性に声をかけるのに慣れ、男優としてもほんの少しずつ自信がついてきました。

・自分が「うらやましい」と思う人にアドバイスをもらう
・憧れる人の「完コピ」をする

「ウザい」が「優しい」になった価値変換

男性向けのAVでは、とにかく女優さんが第一。女優さんが綺麗に映ることが至上命題で、男優はできるだけ目立たないようにするのがセオリーです。

もし自分が気持ちよくなって感じてしまっても、声を出してあえぐと監督に怒られます。男優の存在感が目立つと、視聴者が萎えてしまうからです。

僕は無意識に、フェラをしてもらっている時に女優さんと手をつないだり、頭をなでたりすることがあったのですが、この行為も、男性の視聴者の方から「ウザい」と言われてしまい不評でした。「キスの時間が長い」「女優さんと顔が近い」などもよく注意されたことです。

けれども、僕が出ているAVを見てくれたある女性が、「キスが長いところや、手をつないでいるところが、優しそうでいい」と言ってくれたことがありました。**男性には「ウザい」と言われる行為が、女性にとっては「優しい」行為だと感じられることは、僕にとっては新鮮な驚きでした。**

そしてちょうどその頃、それまで男性向けばかりだったAV市場に、女性向けのAVが生まれるようになりました。

はじめにでもお話ししたように、女性向けAVは、おもに女性スタッフが作っています。この女性向けAVの撮影現場では、これまで男性視聴者に「ウザい」と言われ、男性監督に「やめろ」と言われてきたことが、逆に求められるようになりました。

僕はここで、「畑の違い」を強く感じることになります。

2009年に雑誌「an・an」のセックス特集のDVDに出演させてもらったことがきっかけで、僕自身、女性向けAVの仕事が増えていきました。いろんな撮影現場を経験させていただいたことで、僕自身も男性が望むセックス、女性が望むセックスについて考えるきっかけをもらいました。

たとえばシルクラボの女性向けのＡＶでは、結ばれるまでのストーリーや精神的な満足感が重視されます。ドラマのワンシーンを見ているような演出もありますし、登場人物の誰が誰にどんな感情を持っているかを示す人物相関図が用意されることもあります。

女性向けの人気作品を見ると、再生後15分たっても服を脱いでいないことはめずらしくありません。仕事で疲れて帰ってきたら「おつかれさま」と彼女の髪をドライヤーで乾かしてあげたり、ご飯を作ってあげたり。２人の関係性をきちんと描いてから、彼女を癒やしてあげるように、大事にセックスをします。

男性向けＡＶでは早送りされてしまうような導入シーンが、女性にとっては前戯だと言えるのかもしれません。これは、「出会って１分で合体」みたいな男性向けＡＶとは真逆の世界です。

行為が始まってからも、キスしたり、体を密着させたり、愛し合っている恋人同士のコミュニケーションを丁寧に見せます。**イク、イカないは別として、「あなたと結ばれてよかった」という精神的充足感をどのように表現するかに力を注ぎます。**

お互いに思いやりのあるセックスを楽しもう

もちろん、女性向けAVも、男性向けAVと同じで、ファンタジーの世界です。彼女の髪を乾かしてあげることも、優しくなでることも、女性の願望でありファンタジーです。女性向けAVを完全に真似したほうがいいとは、僕も思いません。

ただ、今の時代は、無理やり女性にセックスを強要していないか、性的同意はあったかどうかを昔以上に厳しく問われる時代になってきました。望まない性行為を強要されたり性暴力の被害を受けたりしたことを告発する#MeToo(ミートゥー)の活動も活発です。

性犯罪や性暴力は、相手の尊厳を傷つける決して許されない行為です。性的同意に正解はありませんが、少なくとも男性向けのAVを教科書にしていると、取り返しのつかないことになる可能性もあります。

また、こういう時代がら、逆にリスクを考えて恋愛やセックスを否定的にとらえ、セックスから遠ざかってしまっている人もいるかもしれません。

でも、お互いがお互いを受け入れ、思いやりのあるセックスは素晴らしいものです。

必要以上に怖がらず、ぜひ体験してほしいと思います。

ここからは、僕がＡＶの撮影現場で知ったこと、男性向けのＡＶで行われている演出についてお話ししていきます。まずはＡＶのファンタジーから抜け出すことから、セックスについて考えていきましょう。

- 女性向けＡＶでは精神的な充足感を丁寧に描く
- 必要以上に怖がらず、お互いを思いやるセックスをめざす

ＡＶのファンタジー1

女性は毎回イケるわけじゃない。潮吹きのために頑張る女優さんたち

僕のオンラインサロンに登録してくださっている女性や、イベントにきてくださる女性の悩みでよく聞くのが、「セックス中にどうしてもイクことができない」というものです。イクことができなかった時は、彼ががっかりしたり機嫌が悪くなったりするので、毎回イクふりをしているという女性も少なくありません。

この悩みを聞くたびに、僕はとても切ない気持ちになります。

なぜなら、「女性は常にイクことができる」。これこそ、まさに、ＡＶのファンタジーだからです。

男性向けＡＶでは、女優さんは大きな声を出したり、腰を大きくのけぞらせたりして「イク」シーンを撮影しています。だから、男性も女性も、イク時は、あんなふう

に快感で何もわからないくらいになってしまうものだと思ってしまうかもしれません。

とくに潮吹きは、最近の男性向けAVでは必須といっていいほどおなじみになっています。でも、この潮吹きのシーンの撮影の裏側には、女優さんの涙ぐましい努力があります。

え？　あれは生理現象だから、演技ではなく本当に感じている証拠じゃないの？と思う人もいるかもしれません。でも、あの潮吹きこそ、実は、AV界における「発明」のひとつなのです。

女性のイった姿が見たい

歴史を紐解くと、20年以上前のAVには、潮吹きは登場しません。では、どのような背景で「潮吹き」が生まれたのでしょうか。

昔は（といっても、1990年代の話ですが）、今以上に表現の規制が厳しくて、モザイクが濃い時代がありました。どれくらいモザイクが濃かったかというと、フェラをしているシーンでも、今とは違って女優さんの顔に強いモザイクがかかってしまい、何をしているかわからないくらいです。

それだけ強い規制がある中で、AV界は「女優さんが感じている姿」や「イっている姿」をできるだけわかりやすく見せる方法を模索していました。

男性は、イった女性の姿を見ることで、「女性をモノにできた」という支配欲が満たされます。視覚的に、女性がイっている姿を見せることは、男性の興奮度を高めることになるからです。

けれども、女優さんがイったことを示すのは、それほど簡単ではありません。男性は射精をすればイったことが一目瞭然ですが、女性の場合、本当にイったかどうかを、映像で見せるのはなかなか難しいものです。

もちろん、ベテランの女優さんはいろいろ研究していますし、監督の演技指導も受けてきているので、表情や声だけでも「感じている」や「イったこと」を表現できます。でも多くの女優さんは、もともと演技の訓練を受けたことがない普通の女性です。

そのような一般の女性をどのように撮れば「本気で感じている」ように見えるのか。**男性の射精のようなわかりやすい方法はないのか。そのようにみんなが考えていた時に、「潮吹き」が〝発明〟されたのです。**

潮吹きはハプニングから生まれた

「潮吹き」は、撮影現場で偶然生まれたと言われています。

1990年代に活躍されたとある男優さんがいました。その彼がある女優さんにしばらく手マンを続けていたところ、その女優さんが「ダメ、出ちゃう」と言って、偶然びしゃっと出してしまうアクシデントがあったのです。

最初はたまたま出てしまったアクシデントでしたが、それがモザイク越しの映像でもインパクトがあって、業界的に「あれはすごい」ということになりました。なんとかして、あれを再現できないだろうかと、あの手この手でみんなが研究して広まっていったのが、今の潮吹きになります。

とくにその後、男優Kさんが、より多く、より遠くまで派手に潮を飛ばす方法を開発しました。Kさんによって、噴水のような潮吹きが広まりました。

それが、まさに男性の射精のようにわかりやすく、気持ちよさそうに見えたことで、潮吹きは一気に市民権を得ました。潮吹きは男性の射精とも似ているので、男性の共感も得やすかったのです。

今では、潮吹きは男性向けAVのスタンダードになっています。

潮吹きの女王と呼ばれたある女優さんは、硬水を6リットル飲むと潮を吹きやすいといって、本番前はそれを飲んでいました。彼女は、自分が望まれるキャラに応えようと頑張っていたんだと思いますが、もうほとんど、アスリートですよね。

今のAV女優さんたちは、コンテンツとして潮吹きを求められるので、ほとんどの女優さんが潮吹きをマスターしています。でも、20年以上前の女優さんで、そのような潮吹きをしている人はほぼいないはずです。それくらい、普通にセックスしている状態で潮を吹くということはありません。

この本の135ページから女優の紗倉まなちゃんと対談しましたが、彼女も「この業界に入らなければ潮吹きは一生通ることのない道だった」と言っていました。

相手が潮を吹かなくても決して不感症じゃないし、あなたとのセックスに感じていないわけでもないということを知っておいてください。

それに、潮を吹いているからといって、女性がイっているとは限りません。女優さんに聞いてみると、**おしっこを我慢して我慢して、一気に出す気持ちよさに近いものはあるけれど、イっているとはちょっと違う気がすると言う人もいました。**男性は自分が射精をするから、あの気持ちよさを女性に味わってもらいたいと思って頑張るのだと思いますが、あれとはまた違ったものだと思っていいと思います。

ところで、潮吹きの正体がいったい何なのかについては、諸説あります。でも、僕はもう断言しちゃっていいんじゃないかと思います。あれは、95パーセント、おしっこだと思います。

だって、潮吹きした時って、その直前に飲んだものがすぐ出ているのがわかるんですよ。さっき、レッドブル飲んだのかなとか、コーヒー飲んだんだろうなとか。ビタミンを大量にとったりすると、色の濃い潮が出ます。

僕が潮吹きにこだわらなくてもいいんじゃないかと思うのは、ここにも理由があります。

- 女性は、常にイクわけではない
- 潮吹きは撮影現場の演出として開発されたものである

AVのファンタジー2

指は何本が正解？ 激しければ気持ちいい？

ＡＶを鵜呑みにしたセックスで、とくに女性たちに不評なのが、激しい手マンです。男性向けＡＶで男優が行う手マンを真似した男性に、女性器を傷つけられたという話も、本当によく聞きます。男性はもちろん、よかれと思ってやっているわけですが、その時の痛みや出血がトラウマになっている女性もいます。

この激しい手マンも、潮吹きと同じで、男性の指の動きを派手に見せるための演出です。

男性は、わかりやすい必殺技を知りたい。これをすれば必ずイカせられるといったキャッチーなワザを知りたいわけです。それに応えたのが、男優さんが〝発明〟した激しい手マンです。けれども、これもやはりファンタジー。

激しい手マンで有名な男優さんのなかには、啓蒙活動で「本当に大事なのは、女性を大事に扱ったり、リラックスさせることだよ」ということを伝え続けている方もいます。しかし、やはり、インパクトのある激しい手マンのほうが、みんなの記憶に残ってしまいますよね。

手マンは指一本。力を入れない

実際のところ、手マンに力はいりません。

僕たち男優は、指先を動かしているのではありません。ひじを支点にして、てこの原理のような感じで指を優しく動かすイメージです。

手首を支点にして手マンをすると、すごく疲れるし、すぐにパンプアップしちゃうはずです。でも、ひじを支点にすると、ほとんど疲れないし、女性に不要な力も伝わらないので、痛くありません。

指も、AV的には2本がスタンダードだけれど、1本で十分です。指1本よりも、2本、3本と入っているほうが、「こんなに入ってるんだ」と、すごいことやってる感が出るけれど、基本は1本でいいのです。ちなみに、女優さんの中には、指入れ1本以外は痛いからダメという人もいます。そういう方たちとからむ時は、僕たちも絶対に2本入れません。

それから中をがちゃがちゃとかき回すのは絶対にNG。出し入れのスピードも速くなくて大丈夫。AVに比べて地味に思うかもしれませんが、ゆっくり、彼女の反応を見ながら、触ってあげてください。

あと、忘れがちなことですが、爪を切るのはマナーです。女性器は本当にセンシティブなので、爪で傷つけてしまうと出血したり、その傷が元で病気になってしまうこともあります。ただし、切りたての爪はNG。やすりでなめらかにしましょう。

中でイカせるより、気持ちを伝える

そして、もうひとつ、ぜひ知っておいてほしいこと。

もともと、膣の中でイケる女性は2~3割程度しかいないと言われています。女性が中でイケるのは、ちょっとした奇跡のようなものなのです。

だから、彼女を中でイカせなきゃならないとか、ましてや潮を吹かせてあげなきゃいけないなどと思う必要はありません。

「どうしてもイカせなきゃ」と必死になると、彼女にもプレッシャーを与えることになります。いつまでも終わらない手マンから解放されるためにイったふりをされることもあるかもしれません。

頑張りすぎないのも大事です。それよりも、「あなたとセックスができて幸せです」と気持ちを伝えることのほうを重視してください。

- 激しい手マンをする必要はない。ひじを支点に優しくゆっくり動かす
- 膣の中でイケる女性は2~3割なので、頑張りすぎない

AVのファンタジー3

フェラシーンはどうやって撮影している？

男性向けのAVでは、必ずといっていいほど、フェラチオのシーンがあります。あのフェラは実際にしていますし、今はコンドームもつけていません。

でも、本当は病気感染のリスクを考えたら、フェラの時はコンドームをつけたほうがいいと思います。

AVに出演する人は、男優さんも女優さんも、1カ月に1回の性病検査が義務づけられています。その時の検査項目には喉の項目もあります。喉の淋病や喉のクラミジアをチェックするためです。男性も女性もキスやフェラチオでお互いの喉の病気をうつす可能性があるので、定期的に検査しているのです。

ＡＶでも以前は精液を飲むシーンがありましたが、今は基本的に少なくなっていいます。

ちょっとリアルすぎる話で恐縮ですが、昔は大量ごっくんモノがありました。１００発連続ごっくんとか、そういった内容のものです。

でも、それでお腹を壊す女優さんが出てきたり、性病検査がマストになったことで、ごっくんモノは少なくなっていきました。

１００人分の検査料って、１００万円以上かかるんです。それだけで制作費が赤字になってしまうという現実的な問題もあります。

そうはいっても、ごっくんに憧れがある人もいると思います。僕も以前は、ごっくんしてもらいたいという気持ちを持っていました。精液を飲んでもらえると、自分を丸ごと受け入れてもらえたような気分になるんですよね。

でも、女優さんたちが辛そうにしている顔を何度も見ているうちに、そのような気持ちも収まってきました。

実は僕、一度仕事で精液を飲んだことがあるんです。もう、本当にクソまずかったです。なんか、しょっぱい味があって、口の中にくさいのが広がって。あれ、本当に喉越しが悪いんですよ。すっと流れていかないで、喉のあたりでとどまっていて、痰みたいな感じです。

でも女優さんは吐くわけにもいかないし、美味しそうに飲まなくてはいけないから、本当に辛いと思います。

余談ですが、精子も食べものによって味が変わります。プロテインを飲んでいる人の精液は甘いらしいです。煙草やお酒を飲んでる人は辛い。同じ人でも、体調によって違う味がするとも聞きます。

フェラに関しては、女優さんがうっとりした顔で「舐めさせて」というシーンもあるので、女性は自分からフェラをしたくなるものだと思っている人もいるかもしれません。

でも、決してそんなことはありません。

もちろん、フェラが好きな女性が皆無とは言いませんが、あれが好きで仕方ないという女優さんにはあまり出会ったことはありません。**どちらかというと、好きな人だからしてあげるという感覚のようです。**

舐めてほしい時は素直にそれをお願いしていいと思いますが、あまり好きじゃない人もいることを、知っておくことが大事です。そして、自分がお願いしているのに、相手を舐めるのは嫌というのはなしです。

今は香りがついたローションもあるので、仲良くなってきたら、それをつけてお互いに舐め合うのもいいと思います。

・フェラには性病感染のリスクがある。コンドームの使用がベスト
・フェラは好きな人にしてあげるもの。無理強いはしない

AVのファンタジー4

あんなに体位を変えるのはなぜ？

AVではセックス中の体位変えが多いのですが、あれもやはり、視聴者向けの演出です。

昔、VHSだった時代のアダルトビデオは60分がほとんどでした。その中で、1人の女優さんが、2回、3回のセックスをするものが主流でした。

けれども、DVDに切り替わった頃から、1人の女性が3回のセックスで180分、240分持たせなきゃいけなくなったんです。いきおい、1回のセックスが長くなりました。

240分って、4時間ですよ！　女優さんも大変です。この4時間で、だいたい3

からみ（3人の男優とセックス）、1フェラというのが定番コースです。

この3回のセックスを持たせるためには、必然的に画を変えなくてはならなくなります。だから男優をチェンジし、体位をチェンジして、尺を延ばしていくという方向に進化したのです。

AVにありがちな体位

いろんな体位の中でも、撮影では男優さんの顔はあまり映さず、女優さんの顔が綺麗に映る体位を求められることが多いです。

体を密着させた正常位は、横から撮影するぶんにはいいのですが、上から撮影すると男優の背中とお尻しか映らないので、あまり好まれません。

逆に多いのは、片足をあげた立ちバックや女優さんが体を反らせた背面騎乗位などです。これらは女優さんの体を見せやすいので、AVでよく見かける体位です。

でもこのような体位は、もともと無理があるので、つながってもすぐに抜けたり、変な角度で入っているから、女性に強い異物感を与えたりもします。

そのような体位を、無理に真似することはないですよ。

ＡＶの体位を試して、身体の構造上フィットしないことを「相性が悪いのかな」と心配する必要もありません。もともと無理のある体位なのです。

男優さんにプライベートのセックスについて聞いたら、ほぼ正常位だけという方がほとんど。たまに、もうひとつ体位をつけ加えるという程度でした。

これはＡＶの仕事の反動というわけではありません。僕も背面騎乗位とか駅弁とか、プライベートでは必要ないと思っています。

というのも、体を反らせた状態の背面騎乗位は、男からすると女の子のつむじと背中しか見えないというシュールな状態になってしまうから。だからプライベートではやらないいんでしょうね。

セックスに適性時間はあるのか？

ちなみに、ＡＶの撮影は60分一本勝負ということが多いです。40分一本勝負というのもありますね。

ＡＶの現場はいろいろ特殊なので、60分の撮影はあっという間に感じます。いくつか体位を変えなければなりませんし、女優さんに潮を吹いてもらう時間も必要で、盛りだくさんだからです。

ただ、リアルなセックスは、そんなに長くなくてもいいと感じます。もちろん個人差はありますが、挿入してからの時間が長ければいいというものでもありません。

早漏ではないかと悩んでいる男性もいますし、どうやったら長持ちするんだと聞かれることもありますが、女性でそんなに長い時間挿入していてほしいという人はあまりいません。

早くイってしまった時は、それだけあなたの中が気持ちよかったんだと伝えてあげてください。女の子はむしろ喜んでくれると思います。

とにかく長い時間挿入していなきゃ、持たせなきゃ、と思わなくても大丈夫。それよりも、手をつないでいるだけ、抱きしめているだけの時間を長くとったほうが、女性の安心感につながり、結果的にリラックスできて深い快感にもつながりやすくなると感じます。

プロだって中折れする

中折れについてもよく相談されますが、僕たちプロも、よく中折れします。というか、僕自身が中折れで有名です（笑）。

AV業界では「一徹地獄」と呼ばれているのですが、まったくぴくりともしない時間があるんです。

こういう時は、周りも地獄だと思いますが、僕自身もいたたまれません。みんなどうしていいかわからなくなり、微妙な空気になるんですよね。

スタッフさんにも女優さんにも声をかけられたらかけられたでプレッシャーになるし、怒られたら怒られたで勃たなくなるし……。

静かなほうが集中できるという男優さんもいるようですが、「しばらく一徹さん待ちです」みたいな空気の中、僕一人だけ神経を集中させて刀を研いでいる感覚、もうこれは地獄以外の何物でもありません。

僕の場合、中折れの原因はほとんどメンタルです。

大御所の方と3Pして、その方に気後れして勃たなかったり、女優さんのオーラに負けたり、スタッフが多くてセンシティブになったり。男は意外と繊細なものですよね。

と、僕の「一徹地獄」エピソードを披露しても、みなさんの役には立たないかもしれませんが……。

早くイってしまった時も、中折れしてしまった時も、そうなったらそうなったで、一度落ち着いて、そのあと2回戦でもいいと思います。

彼女にとっても、いちゃいちゃする時間を大事にすれば「私の魅力がないから勃たなかったんだ」という嫌な思い出にはならないはずです。

和やかに「あなたのせいじゃないよ」ということも伝えましょう。

- AVのように何度も体位を変えて長時間挿入を続ける必要はない
- 手をつないだり、抱きしめたりして安心感を与える時間を多くする

ＡＶのファンタジー5

コンドームはつけているの？

男性向けＡＶでは、基本的にコンドームをつけるシーンはありません。

けれども実際には、**ＡＶでも男優さんはいったんカメラが見えないところでコンドームをつけたり、一度カメラからはけてコンドームをつけて戻ってきたりしています。**


また、中出しとタイトルに謳われている作品であっても、実際に中出しをしていないものもあります。

痴漢というタイトルがついていても、実際に痴漢しているわけではないのと同じです。

ＶＲ作品をのぞくと、昨年よく売れた男性向けのＡＶタイトルは中出しものだったそうです。中出しは、ＡＶというファンタジーの中でも、とくに人気があるのでしょう。

でも、この「中出し」を撮影する場合は、きっちり2週間前に検査をして、女優さんもピルをのんで、ちゃんと体調管理をして撮影にのぞんでいます。

この「中出し」に関しては、同意書や契約書も含めて、かなり厳格にコンプライアンスを結んで撮影しています。

先ほどお話ししたように、ＡＶでも実際にはコンドームをつけています。

でも、一般の視聴者の方はそれを知らないので、その結果、「男性がコンドームをつけてくれない」と悩む女性もいます。

これは、僕たちにとっても悩ましい問題です。

ＡＶにコンドームをつけるシーンがないことで、一般の方々が、コンドームのつけ方がわからないとか、コンドームをつけると萎えるからつけないというようなことが起こっているのは危惧すべきことです。

望まない妊娠や、性病感染の危険性にもつながります。

ですから、シルクラボが女性向けのAVを作った時は、啓蒙的な意味でコンドームをつけるシーンを入れると決まっていました。

コンドームのつけ方やそのタイミングに関しては、また2章で詳しく説明したいと思います。

・AVも実際はコンドームをつけている

AVのファンタジー6

あえぎ声と演技指導。AV女優というお仕事

ひとくちにAV女優さんといっても、どんな仕事を引き受けるかには、それぞれポリシーがあります。

女優さんの名前が全面に出る作品に出ている人たちは、一般的に単体女優と言われます。個人差はありますが、基本的に月に1回くらいの撮影をしている方が多いと思います。

紗倉まなちゃんはAVには月に1本ほどの出演で、それ以外の時間には小説やエッセイを書いていますし、明日花キララちゃんも洋服をプロデュースしたりしています。ほかにも、映像以外の仕事をしている女優さんは何人もいます。

蒼井そらちゃんのように日本だけではなく、中国でも活動している女優さんもいますし、波多野結衣ちゃんは、台湾でものすごい人気です。

次に、企画単体と言って、Aさんが海でセックスをしましたというような、その女優さんの名前と企画が両方出る作品に出演する女優さんがいます。

この企画単体の女優さんの中でも、人気の方は月に20本から25本ほど現場に出るそうです。一般的には、5本から15本くらいの方が多いのではないでしょうか。

AVの撮影現場だけではなく、一般のファンの方との撮影会イベントとか、オフラインミーティングなどをしている女優さんも多いです。

企画単体の女優さんが単体になることもありますが、その逆もあります。もっとたくさん映像に出たいからといって、もともと単体女優さんだった方が、企画単体に移動することもあります。

企画単体では痴漢ものやレイプものなどもありますが、これもあくまで現実で行ってはいけないことが前提の上での演出です。

女優さんとは事前に打ち合わせをした上で、合意の上で撮影しています。

打ち合わせの時は、細かく女優さんのNG項目を洗い出しています。

それ以外にも、企画女優と言われる、名前出しをしない女優さんたちがいます。いわゆる素人ナンパものや、制服学生ものなども、こういう企画女優さんたちが出演しています。

生涯出演本数は、1本限りの人もいますが、何年か出演し続ける人もいます。蒼井そらちゃんは、15年以上一線で活躍されました。今はご結婚されて、お子さんもいらっしゃいます。

女優さんへの演技指導

女優さんたちは、もちろん演技指導されて、作品に出演しています。

監督の考える「女性の理想的な〝イク〟のシーン」を、監督自ら演技して、それを模写してもらっていることもよくあります。

AVでは、女性が「イった」ことがわかることが大事なので、**先ほど話した潮吹きのみならず、身体を跳ねさせるような演技や、あえぎ声なども、みんなちゃんと練習しています。**

もちろん、演技ではなく本当にイっていることもありますが、僕たち男優にも判断がつきません。真実は女優さんのみが知ります。

ＡＶはわかりやすさが求められるので、女性が感じているシーンやイっているシーンは、派手な演出になりがちです。でも、女性が本当にイっている時の反応は、意外と地味だったりします。

もちろん個人差はありますよ。獣みたいな雄叫びをあげる人や、低い唸り声を出す人もいます。ぱらぱらっというセミのおしっこのようなものが出る人もいますし、本当に人それぞれですが、多くの女性のオーガズムは、本当にイっているのかどうかわからないくらい、地味なものです。

あくまでファンタジーであるＡＶでの演技と、彼女のセックスでの反応を比べることは、彼女にプレッシャーをかけてしまうことにもなりかねません。

あなたの彼女の反応がＡＶのように派手じゃなくても、本当に感じていることは多々あります。

感じ方は、人それぞれです。気持ちを伝えるために、あるいは自分で気持ちを高めるために、彼女がプラスアルファの演出をしてくれるのはいいことだと思いますが、彼女が無理して演技をしなくてはいけないようだったら、それは負担になってしまいます。そうしなくてもいいように、日頃からコミュニケーションをとれるといいですね。

- AV女優は演技指導を受け、練習をしてから合意の上で撮影にのぞんでいる
- 本当に感じている時の反応は地味なこともあるのでAVと比べない

AVのファンタジー7

大きくて硬いのがイイは、男の幻想？

男性のアソコは大きければ大きいほうがイイと思っている人は多いのではないでしょうか。大きさや硬さが「男らしさ」の象徴のように感じてしまうんでしょうね。僕自身も、この業界で働くまではそう思っていました。

これは、男性向けの漫画雑誌の影響もあると感じます。漫画雑誌って、必ず、「これで大きくなる！」的なサプリメントの広告が入っていませんでしたか？ あれを毎週見ていると、劣等感をあおられて、「男たるもの、大きくて硬くなくてはならないのだ」と思い込んでしまいます。

しかし、**実際大きな人が女性に喜ばれるかというと、必ずしもそうではありません。**

サイズの大きな男優さんは、実は女優さんから共演NGをもらうことが多いのです。先ほども少し話しましたが、女優さんは1日に何人もの男優さんとからみます。ですから、大きなサイズの男優さんは「先発はきついから外してほしい」と遠慮されたり、「カリが大きくて引っかかって痛い」と言われたりすることもあるそうです。

僕の聞いた話では、大きな男優さんは、七分勃ちの状態をキープしながら、硬さもできるだけマックスにならないように気をつけながら挿入をしているとか。発射の時だけ、十分勃ち。しかも摩擦でイクのではなく、振動でイケるような訓練をしているとのこと。なかなか苦労しているのです。

この業界では、サイズが小さいことよりも、大きなことをコンプレックスに思っている男優さんがたくさんいます。

意外と人気なエコちんぽ

みなさんも知っているような人気男優さんでも、手頃なサイズで女優さんに「エコちんぽ」と呼ばれて愛されている人もいます。

「エコちんぽ」は、悪口では決してありません。もちろん大きい人のほうが好きという女優さんもいますが、往々にしてサイズが小さい男優さんのほうが、受け入れやすいのです。

4時間の収録は、女優さんにとって、身体的に精神的に相当ハードです。女優さんの体に配慮してくれる監督の場合は、最初はやわらかいちんぽのベテラン男優さん、中継ぎにそれほど大きくない男優さんを選んで、最後に大きなサイズのガンガンいく男優さんという順番で采配を考えています。先発でいきなり女の子の体を壊されたら大変なので、徐々に体を慣らしてもらうのです。

コンドームメーカーのＤｕｒｅｘによると、男性器の長さの平均がおよそ13センチ。国によっても差があるそうです。

硬さの好みにも個人差があります。カチカチじゃなきゃ嫌だという女優さんもいますが、僕の印象ではむしろ、大きさや硬さよりも、前戯を大事にしてほしいという女優さんが多い印象があります。

男性向けＡＶでは、見ている人もカチカチで見ているはずだから、男優さんのアソコがふにゃっとしていると感情移入しにくいですよね。だから監督には、「パンツ脱いだ瞬間から全勃起しておいて」と言われます。僕も善処しますが、必ずしも毎回全勃ちできるわけではありません。

ですから、ＡＶで男優さんが最初から全勃ちしているように見えたとしても、プライベートでも１００パーセントそうだと思わないでくださいね。

もし勃起力に不安がある人は、お医者さんに相談して、薬を使ってみるのもよいと思います。

男性は挿入すると夢中になって腰をふりたくなるものだと思います。でも、女性視点で言うと、入れてすぐ動かないほうがいいという人もいます。

女性にとってみれば、異物が体に挿入されるわけです。膣内がその形に慣れるまでは、激しく動かないでほしいというのもわかります。

ＡＶでは男性が挿入したあとにまったく動かないと、それは使えない映像になってしまうので、最初から激しく腰を動かしますが、女性のことを考えたら、常に激しく動く必要はなさそうです。

もし女性に「痛い」と言われたら、焦らずに様子を見ながら、じっくり身体を慣らしていってください。

ちなみに、男性器は頻繁に使っていると徐々に大きくなっていきます。これは筋トレと同じ原理です。

・大きさや硬さに悩む必要はなく、前戯を大事にしたほうがいい
・挿入してすぐに動かないでほしいという女性もいる

AVのファンタジー8

リアルにやったら女性に嫌われる顰蹙《ひんしゅく》行為とは

男性向けＡＶでは人気なのに、女性向けＡＶではまったくといっていいほど、人気のないプレイがあります。

それが、顔射とアナルセックスです。

顔射もAVの発明品

顔射が生まれたのも、潮吹きの誕生と少し事情が似ています。

そもそもモザイクが強かった時代は、精子を中出ししてもわかりにくい。おっぱいやお腹の上に出してもいいのだけれど、顔に出すとよりわかりやすいしインパクトがあるということで、顔射が生まれたそうです。

これがとても売れたので、その後、男性向けのAVでは顔射が多用されるようになったのです。

AVでは、女優さんが「顔にちょうだい」とか「こんなにいっぱいありがとう」なんて言っていますから、女性があれを望んでいるんだと思ってしまうかもしれません。**でも、この顔射、女性には本当に不人気です。**

僕自身、顔射が好きという女性には、これまでただの1人も出会ったことがありません。逆に、彼氏に顔射されたら、どんなに好きでも別れると思うという声は聞きます。

無理な願望を受け入れてくれる＝愛があるという錯覚をしてしまいがちなのですが、これは、もう、プライベートなセックスでは厳禁と言い切ってしまっていいのではないかと思います。

実は僕、仕事で実際に顔射をされたことがあるんです。男の人がいきなり顔にまたがって発射してくる、あれは、結構な恐怖です。

もしも精液が目に入ってしまったら、目が真っ赤になります。

ですから、顔射撮影がある時は、必ず現場に充血を取り除く目薬が用意されていました。

目だけではなく、髪の毛もカッピカピになって、大変なことになります。

アナルセックスに関しても同様です。

性的嗜好は人それぞれなので、すべての女性がアナルを嫌がるとは言えませんが、好きな女性はごくごく一部の少数派です。

少なくとも、僕の周りの女優さんにはいません。

アナルセックスがある現場では、女優さんが必ず事前に浣腸をしています。そして、中のものを全部出したあとに、周辺にワセリンや馬油を塗ります。ワセリンや馬油には目に見えない傷を修復する機能があるらしいです。

そして、小さいアナルパールでゆっくりほぐす「ほぐしタイム」があって、アナルが異物を受け入れるのに慣れた時に、初めて挿入します。僕はこのほぐしがあまり上手じゃないので、アナルセックスの現場は、それが得意な男優さんが呼ばれることが多いです。

女優さんにとっても、アナルセックスは「気持ちいい」という感覚ではなく、どちらかというと頑張った自分への達成感を感じる気持ちが強いように、僕には見受けられました。

なぜＡＶにはハードなプレイがあるのか

ではなぜ、ここまで女優さんにとってしんどいプレイが日常化しているのかというと……。これはＡＶ業界ならではの不思議なのですが、企画単体の女優さんは、キャリアを重ねていくとハードなものをこなさなくてはならないという不文律があるからです。

まずデビューしたての1本目は、そのままの彼女の等身大を味わってもらう。その後に、コスプレや風俗ものなどを一通り終えると、ＳＭに挑戦したり、顔射やアナルセックスにトライしたりしていきます。

男性視聴者が、女性がハードなセックスに耐えて頑張っているのを見たいからでしょうか。女優さんも、それを求められるから、頑張って提供するという方向にいく方が多いようです。

企画単体の女優さんが、きまってこういったルートを通っていくのを僕は複雑な思いで見ています。

いずれにしても自分で好んで顔射やアナルセックスをしているわけではありません。ＡＶの「いっぱいかけて」や、「こっちにも入れて」を、そのまま信じてパートナーに無理強いしないでくださいね。

・ＡＶのハードな演出をプライベートで取り入れるのは危険

ＡＶのファンタジー９

細心の注意を払いたい、アダルトグッズとシチュエーション

ＡＶ作品にある痴漢ものやレイプものは、当然ですが、実際に痴漢したりレイプしたりしているわけではありません。

事前に、女優さんに「されたら嫌なこと」をリストアップした上で、プレイをしています。

たとえばお尻をたたくスパンキングというプレイがありますが、あれはどうやったら痛そうに見えるかを打ち合わせして、女優さんにできるだけ負担がかからないようにしています。

演技ができる女優さんであれば、カメラに映っていないところで女優さんの肩をト

ントンとたたいて痛そうな演技をしてもらい、実際には僕自身のお尻をたたいて音を立てたりもしています。

レンタルが主流だったひと昔前と違って、セルが主流となってから最近はどんどんハードな路線の作品が増えてきました。

昔はフェラをするにもおっかなびっくりだったのに、今では女優さんのデビュー作品でいきなり3P、しかもダブルフェラなんてこともあります。おもちゃ責めで電マが出てくるのも日常茶飯事になりました。

だから、見ている人たちはそれが当たり前かのように錯覚してしまうかもしれませんが、ＡＶはあくまでファンタジーです。

男優さんたちも、プライベートでそんなセックスをしている人はあまりいません。

視聴者の方に求められるからＡＶがハードになっていくのか。

それとも、僕たちがそういう作品を作るから視聴者の方々がどんどんハード路線を求めていくのか。

どちらが鶏で卵かわからないところもあります。

個人的には、女優さんが苦しい思いをしなくても、視聴者の方が満足できる違った形のエロを表現できるようになればいいなと思っています。

そして、男性のみなさんには、AVはファンタジーであることを理解して、パートナーの女性と楽しいセックスをしてもらえたらと思っています。

・AVはあくまでファンタジー。プライベートでハードなことをする必要はない

2章

女性が喜ぶセックス。僕が意識していること

セックスの前の準備

2章では、女性向けのAV撮影で重視されていることをお伝えしながら、僕が女性とセックスをする時に意識していることをお話しします。

その前にまず、**大前提としてセックスに正解はありません。**カップルの数だけ、セックスのやり方があります。ここでお話しすることは、あくまで女性のスタッフさんや女優さんたちの意見を元にした、最大公約数的な暫定解だと思ってください。

デートの前の準備

まずはデートの前の準備から考えてみましょう。

僕が撮影現場に入る前に気をつけているのは、1にも、2にも、清潔感です。からみがある仕事の時は、必ずお風呂に入ります。

男性で悩んでいる人が多いのは包茎問題ですが、日本人男性の半数以上は仮性包茎だといわれています。男優さんにも仮性包茎の人はたくさんいますし、女優さんでもそれを気にする人は全くいません。

真性包茎・嵌頓《かんとん》包茎の方以外は手術をする必要もないですし、皮をむくための器具のようなものを買う必要もありません。皮を接着剤で止めるとか、逆に危ないですから、絶対にしないでくださいね。

ただし、仮性包茎は汚れがたまりやすいので、シャワーで必ず皮をむいて洗いましょう。デリケートな部分なので、優しく扱ってください。臭いさえちゃんとケアできていれば、仮性包茎は全然問題ありません。

気になる汗や臭い問題

セックスの前にシャワーを浴びるかどうかは、場合によりますよね。汗の臭いが気になる人は制汗剤やウェットティッシュを持っていくのもいいでしょう。香りは好き嫌いがあるので、無味無臭のものがいいと思います。

気をつけたほうがいいのは、デオドラントのペーパーで体を拭くこと。その部分を舐めたら舌がピリピリするらしいです。だから、体を拭くのもほどほどにしたほうがいいかもしれません。女性にしてみれば、実際に臭うかどうかよりも、体臭に対して気遣いをしているかどうか、その意識のほうが「自分が大切にされている」と感じるポイントなので大事だと思います。

口臭対策もしましょう。僕は普段のケアは歯磨きと歯間ブラシ、マウスウオッシュで手入れしています。それ以外に、歯医者さんから4カ月に1回くらい定期検診のハガキがくるので、歯石の除去をしたりクリーングをしたりして、口臭の元になる歯槽膿漏を防ぐようにしています。

忘れがちなのは爪切りです。爪が伸びていると女性の性器を傷つけてしまうことがあるので、仕事の前には必ず短く切りそろえます。

ただし、ただ切りたての爪は逆に凶器になってしまうので、ただ切るだけではなく、ヤスリをかけるようにしましょう。これはAV男優が100パーセントやっていることです。

脚やワキの毛を脱毛するかどうかは、その人それぞれの好みだと思いますが（僕はしていません）、ひげの脱毛はおすすめです。ひげが伸びた状態で女性の肌に触れたり、舐めたりすると、ちくちく痛みを感じると言われるので、僕は思い切って脱毛しました。毎日剃る面倒からも解放されましたし、青ひげに悩むこともありません。とくにこだわりがない人であれば、ひげ脱毛、おすすめですよ。

こういう細やかな女性に対する配慮は、ひょっとしたら、男性らしさの対極にあると思う人もいるかもしれません。汗臭さや、体毛の多さなどは、確かに男の象徴っぽいところもあります。

でも、今の時代は、男性も清潔感が第一です。まずは、女性を不快にさせない身なりを意識しましょう。

性病検査のススメ

もうひとつお伝えしておきたいことは、性病とその予防です。

AV業界では、性病の検査が厳しく義務づけられています。僕も、月に1回は検査をしています。

性病検査というと、恥ずかしいと感じる人もいるようですが、行ったほうがいいですよ。今は、梅毒になる人が急増しているそうです。梅毒は悪化すると背中や顔に出ますし、女性だと子どもが産めない体になってしまうこともあります。潜伏期間は3週間から6週間。その間は検査を受けても陽性反応が出ません。クラミジアも増えています。

ヘルペスウイルスは、多くの人が体内に持っていると言われています。栄養不足や睡眠不足などで免疫がさがると口に出たり性器に出たりします。水ぶくれが出ている状態だと感染するので気をつけて。

泌尿器科に行って検査すると5種類の性病検査ができて1万2000円くらい。内容は血液検査と尿検査です。結果は3日くらいで出ます。それなりに高いので、一般の方は頻繁にする必要はないでしょう。**パートナーを変えた時や違和感のある時に、一度検査するというようなペースでいいと思います。**

万が一病気がわかったら、完治するまではセックスを避けてくださいね。病気に気づかずにセックスしてしまって、あとからわかった時も、パートナーに正直に伝えましょう。

それから、セックスの前には、必ずコンドームを手に入れておいてください。相手がピルをのんでいたら、妊娠の心配はないんじゃないの？　と思われるかもしれませんが、コンドームをつけずにセックスをすると、性病にかかる危険性があります。

前に話したように、僕たち男優も必ずコンドームをつけてセックスをしています。

女性からは、つけてほしいとなかなか言いにくいとも聞きますので、男性がちゃんと準備をして「セックスする時は、当然コンドームをつける」という意識を持ちましょう。

女性にとっても、ちゃんとコンドームを用意してくれる男性は、自分の体をいたわってくれる人という信頼感にもつながります。

- **清潔感が第一。口臭対策や爪のやすりがけも忘れずに**
- **一度は性病の検査を行い、必ずコンドームを準備しておく**

セックスの誘い方

先日、『未来のセックス年表　２０１９－２０５０年』（坂爪真吾著／ＳＢ新書）という本を読みました。その中の「日本人の性　未来予測カレンダー」には「２０２９年　同意のないセックスが犯罪になる」と書かれていて、どきっとしました。

この本に書かれていることは、実は僕も「たぶんそうなるだろうな」と日頃から感じていることが多く、とても興味深く読ませていただきました。

さて、ここでも取り上げられた、「性的同意」は今、ＡＶ業界でもよく話題になることです。

みなさんが知りたいのは、性的同意などという堅苦しいことではなく、気になる女性や彼女といい雰囲気になった時に、どんなふうにセックスに誘うのか、ということだと思います。

けれども、この**性的同意は、今後、僕たちが女性とセックスをしようと思った時に避けては通れない話になっていく**と思います。

性的同意とは何か？

日本で性的同意が話題になったきっかけは、#ＭｅＴｏｏ（ミートゥー）運動が大きかったのではないかと思います。

ＭｅＴｏｏとは、文字通り、「私も」という意味です。この英語にハッシュタグ（#）をつけた#ＭｅＴｏｏは、著名な映画プロデューサーの数十年に及ぶセクハラを告発する２０１７年の記事に発端しています。「私も同じような被害を受けた」という女性たちが、#ＭｅＴｏｏというハッシュタグをつけて、世界的なセクハラ告発運動が展開することになりました。

日本でも、この#ＭｅＴｏｏ運動が起こり、女性たちが過去に受けたセクハラを証言しました。

この問題を、まずは僕たちAV業界で振り返ってみたいと思います。#MeTooが世の中に認知される前後、日本のAV業界でも、望まない女優さんの出演強要があったという訴えがありました。

AV業界では昔から女優さんも男優さんも、必ず事前に契約書を交わすことが義務づけられています。プレイの内容も、事前にちゃんと相談し、これはOK、こっちはNGと、細かく話し合いをしてから作品を撮っています。性病検査が義務づけられているのも、先にお話ししたとおりです。

また、これはあまり知られていないことですが、撮影現場でも、四六時中定点カメラが回っています。これは、スタッフやマネージャーが見ていない場所で、契約以外の行為が行われていないかを監視する目的のためのものです。

僕たちは仕事でセックスをしている身なので、いち早く、この「性的同意」に取り組むことになりましたが、この流れは確実にプライベートなセックスにも及んでくると感じます。

#MeToo運動では、かなり時間のたった過去のセックスに対して性的同意がな

かったと訴えるケースが多く見られました。

その時は、その場の雰囲気でなしくずしにセックスできたとしても、数年後「その時、本当は嫌だった」と女性から訴えられた場合、僕たちは「申し開き」ができるでしょうか。

最低限のルールとして、僕たちは、これからするいかなるセックスにおいても、女性に強要をしたり、同意なしに行為に及んだりすることを避けなくてはなりません。とくに大量にお酒を飲ませた後の勢いでのセックスは、決して許されません。性的同意を得られていないと判断されます。

そして性的同意は、初めてセックスする相手に限りません。たとえ結婚している夫婦であっても、セックスを無理強いすると、犯罪になることもありえます。

性的同意の考え方

ではいったい、何が問題になり、何が同意となるのか、と考えた時に、わかりやすいのが、一時期SNSでも広く拡散された、イギリスの紅茶の例です。

これは、イギリスの警察が2015年に公開した動画で、性的同意についてとてもわかりやすく解説されています。日本語訳されたものもあるので、YouTubeで検索して、ぜひすべての男性に（女性にも）見てもらえたらと思います。

この動画は、性行為の同意を、紅茶にたとえて解説しています。短くまとめると次のような内容となります。（「Tea and Consent」| Thames Valley Police | www.youtube.com/watch?v=pZwvrxVavnQ）

・あなたが誰かに紅茶を淹れても、相手が飲む義務はない。
・「紅茶はいかが？」とあなたが尋ねて「いただきます」と相手が答えたのに、いざあなたが紅茶を出すと「要らない」と言われることがある。その場合でも、相手に紅茶を飲む義務はない。
・相手が酔っていて意識がないときは紅茶を淹れない。意識のない人は紅茶を飲みたいと思わない。
・相手が「紅茶を飲みたい！」と言ったあとに意識がなくなったら、紅茶を飲ませてはいけない。意識不明の人は紅茶を欲しいとは思わない。
・「紅茶を飲みたい！」と言って飲みはじめ、飲み終わる前に意識がなくなったら、紅茶を飲ませてはいけない。
・「紅茶を飲みたい」と先週言っていたとしても、常に紅茶を飲みたいわけではない。

・紅茶と同じようにセックスも相手の同意と承認、納得が必要なのは当然のこと。

いかがでしょうか。性的同意が、いったいどんなものか、イメージできたのではないでしょうか。

僕も、この動画の内容には全面的に賛成です。**これはたとえば、デートの後にホテルに行って2人っきりになったからといって、セックスしてもいいとは限らないということです。**

彼女が生理になってしまったので、そういう行為はしたくないなと思ったら、そこは我慢しなくてはなりません。生理といった物理的な変化ではなく、「なんとなく嫌になった」と言われた場合も同じです。「ホテルまで来たのに、セックスさせないなんて！」と怒ってはいけないということなのです。

とくに、気をつけなくてはならないのは、この動画でも何度もリピートされていた、お酒が入って意識があやしい時ですね。

今、日本で問題になるケースでも、お酒やドラッグで意識がなかった場合が少なくありません。セックスをしたい相手とは、できるだけ深酒しないくらいの気持ちでデートしたほうがよさそうです。

セックスしたいかどうかの意思確認をすることは、野暮と言えば野暮です。でも、これからはそういった確認が必須になると思います。

そこできちんと確認して同意を得た場合ですら、人と人との関係はどうなるかわかりませんから、あとから「あの時は強要されたんだ」と言われるケースが100パーセントないとは言い切れません。その時は合意だったじゃないかと言っても、それを証明するのは難しいでしょう。

こんなことを言うと、セックスが怖くなってしまうかもしれません。だったら家でオナニーしたほうがマシと思うかもしれません。

それでも僕はセックスがしたいし、女性と心も体も触れ合いたいと思っています。そのためには、最大限の配慮をしたいと思っています。

あなたが好きだからセックスしたい

と、性的同意の前置きが長くなりましたが、ここでシルクラボの女性向けAVでは、どのように女性を誘っているのかを紹介します。

男性向けAVと一番違うのは、セックスに至るまでに「あなたを愛しているからセックスしたいのだ」という意思表明をしているところだと思います。単純に欲望を解消する手段としてではなく、あなたとセックスしたいから、という動機を大事にしています。

過去、シルクラボの作品に『四畳半ダーリン』という貧乏な童貞男子とセックスをする作品がありました。

この作品の登場人物は、彼女との初めてのセックスを、ちゃんとしたホテルでしたいと考えます。そのため、貧乏な彼は、彼女と会う時間も減らしてバイトに明け暮れます。一方で彼女は、最近あまり会ってくれない彼に嫌われたのかもしれないと思って、一度はケンカするのですが、彼は「ちゃんとした場所で初エッチをしたいから、お金をためていたんだ」と初めて告白します。それを聞いた彼女は感激して、その気持ちだけで嬉しいと四畳半のせんべい布団の上でセックスをするというストーリーです。

そのセックスは、初めてなので拙く下手なものなのですが、それがまたいいと、女性に好評でした。お金がなくてもセックスが下手でも、「あなたとの初めてのセックスを特別なものにしたかった」というストーリーに女性たちはきゅんときたのです。
もちろん女性向けのAVだって、ファンタジーです。ドラマじゃあるまいし、いちいち想いを伝えてセックスするなんて面倒だと思うかもしれません。でも、こういった作品が女性に支持されていることは、知っておいて損はないと思います。

一方で、単純に性欲を解消したいから「セックスさせて」というパターンもあります。その場合は先にはっきりとそれを表明し、相手の女優さんにも同意してもらった上でセックスする流れになります。スポーツのようにセックスを楽しもうよというシチュエーションです。

さらに言えば、シルクラボの女性向けAVにも強引にセックスするシチュエーションはあります。ただ、レイプのように嫌な相手に無理やり犯されるというものではありません。「女性自身が好意をもっている男性から強引に迫られる」という演出が必ず加わります。

いかがでしょうか。性的同意や、女性の気持ちを考えると、セックスってなんて面倒なんだと思ってしまうかもしれません。

でも、難しく考えなければ、**要は「君とセックスしたい（なぜなら好きだから）」とちゃんと伝えて、「いいよ」と言われればいいわけです。**ダメと言われたらすぐに引き下がり、いいと言われたら楽しめばいい。

実はそれが「誘い方」の最も大事なポイントだと思います。

・「セックスしたい」ことをちゃんと伝え「いいよ」と返事をもらう

セックスの直前

セックスでは、挿入前までの雰囲気づくりや前戯が大事です。

男性は挿入時間の長さにこだわる人が多いですが、僕は、前戯と挿入は最低でも半々がいいと思っています。前戯が苦手な女性もいますから、一概には言えませんが、多くの女性は前戯が長いほうが嬉しいというのではないかと思います。

キスをもっと楽しもう

セックスの最中、とくに前戯の間に僕が具体的に意識しているのは、キスをする、手をつなぐ、目を合わせて「あなたとつながることができて嬉しい」という言葉を伝える、の3つです。

いきなり胸や下半身を触るのではなく、まずは手を握るところから。男性向けAVだとキスや手をつなぐという表現にはあまりフォーカスせずあとは接合部を映すという感じですが、女性向けは延々とキスをしています。

男性向けだと、できるだけ舌をのばして舌がからんでいるところがよく見えるようにぺろぺろ舐めてとお願いされる現場もあります。唾液の交換などもあったりします。なんと「唾液ちょうだい」というセリフがあったりするんです。でも、プライベートなセックスでこれを鵜呑みにするのは危険です。

女性向けAVは、隙があればキスをしていると言ってもいいくらいキスが多めです。とくに多いのはフレンチキス。これはただくっつけるだけの気持ちいいキスです。バードキスといった、チュッチュッという感じで、小鳥がついばむようなキスもよくあります。

ディープキスは定番だと思いますが、そのほかにも唇を6カ所くらいに分けてスタンプするようにするキスがあります。唇は、その上下で微妙に感じ方が違うんです。だから、唇を小分けにして愛撫するようなイメージでキスします。

それから、タンキス。これは唇だけでなく、舌でちゅっちゅとするキスです。相手の舌を性器に見立ててフェラをするように吸うキスもあります。舌にも性感帯があるので、気持ちいいですよ。

こういったいろんなキスを、少なくても2〜3分。だいたいは5分くらいやっていると思います。時間をかけて女性とエネルギーの交流をしているイメージです。僕は男優の中でもおそらくキスが長いほうだと思うのですが、女優さんには「キスがよかった」と言ってもらうことが多いです。

男性向けAVではキスシーンはあまり時間を割けないですが、女性とのセックスでは、キスに時間をかけるスローセックスがいいと思います。

映像で見ているぶんには長いけれど、自分でやっているぶんには、5分はあっという間です。時間をゆったり使うようなイメージで、キスを楽しんでみてください。唇のキス以外にも、顔や全身へのキスでも彼女は安心します。

耳にキスされるのが好きという女性も多いです。ただ、舌でべろべろって舐める人は中耳炎になってしまうこともあるので、そこは気をつけましょう。吐息が漏れるくらいの優しいキスでいいと思います。

手つなぎや言葉でのコミュニケーションを大切に

そして、僕はキスをしている最中も、おっぱいを舐めている最中も、手をつないでいることが多いです。これは男性向けAVでやっていた時は「キモい」と言われたことですが、**女性向けAVでは、手をつないでいるのがよかったとよく言われます。**

手をつなぐと、相手がどれくらい緊張しているかがわかります。愛撫の最中にも手をつないでいると、彼女が感じているのかどうか、痛がっていないかどうかがわかります。彼女に安心してもらうためにも、手つなぎはおすすめです。

物理的な身体接触だけではなく、言葉でのコミュニケーションも大事にします。僕は、女性向けAVでは「かわいいね」「綺麗だね」「気持ちいいよ」という言葉を多用します。この時、思ってもない嘘は言わないこと。具体的にこのパーツがいいといった「部分」を褒めるのもおすすめです。

こういう言葉を言う時は、ちゃんと相手の目を見て言います。最初は恥ずかしいかもしれませんが、彼女もきっと喜んでくれるはずです。

それ以外にも、僕は女優さんの髪をよく触っているようです。信頼関係があることが前提となりますが、髪をなでられると「愛情を感じる」とか「安心する」という女性は多いように感じます。

また、「うまくできるかどうか不安だ」という場合は、正直に話してもＯＫ。ただ、あなたとセックスできて嬉しいという気持ちと一生懸命さが伝わればいいのです。

スムーズに進行しなくてもいい

セックスの前に、シャワーを浴びるべきですかという質問をよくされます。基本的には浴びたほうがいいと思いますが、これは本当にケースバイケースですね。

清潔感の観点から言うと、シャワーを浴びたほうがもちろん清潔なのですが、せっかく盛り上がったところで一度シャワーを挟むとしらける気がするという人の気持ちもわからなくはありません。

僕は女性と一緒にシャワーを浴びるのが好きなのですが、あまり慣れていない相手だと、それも緊張しますよね。女性からしてみたら、そもそも服を脱ぐところまでがすごく恥ずかしいのに、一緒にお風呂に入ったりシャワーを浴びたりするのは絶対に無理という人もいます。彼女が浴びたいと言ったら先に浴びてもらうのがいいのではないでしょうか。

同じように、服を脱がせるタイミングに悩むという男性もいます。こういう人にひとつアドバイスしたいのは、何も「スムーズに脱がせなきゃいけないわけじゃない」ということです。

女性が複雑な形の服を着てきたり、ブラのホックの位置がわからない時などは、ついテンパってしまうかもしれません。

でも、そういう時には「これ、どうやって脱がせればいいの？」と聞けばいいだけです。その質問を「ダサっ」と思う女性はいませんから、焦らず会話しながら服を脱がせてあげましょう。彼女との会話ややりとりを楽しんでください。服を脱がせるのに手慣れている男性は、逆に女性経験が多いのでは、と連想する人もいます。

スムーズに脱がせることよりも10倍大事なのは、下着を大事に扱うことです。みなさん、女性の下着って、いくらするか知っていますか？　ブラジャーだけで数万円するものもザラにあるんです。それを、秒で剥いでしまっているのが僕たち男です。「女性用下着」で検索してみた時、男性用下着との違いにぼくも驚きました。

彼にかわいい下着を見てほしいと思って下着を買った女性の気持ちを想像してみて

ください。きっと彼が喜ぶと思って期待しているはずです。それなのに、せっかくの下着をスカートと一緒に見もせずに脱がされたら、悲しいですよね。

女性に聞いても「勝負下着をスルーされると悲しい」と言います。早く裸にしたい気持ちはわかりますが、「かわいいね」とか「セクシーだね」とか「今日のためにこの下着にしてくれたの？」などの一言があるだけで、嬉しい気持ちにしてあげられます。

・セックスの前はキスを長く、手をつなぐ、会話を大事にする
・下着を大事に扱うことを心がける

前戯

前戯を奉仕と思う人もいるかもしれません。でも、相手に気持ちよくなってもらいながら、自分も女性の体のやわらかさを楽しむ感覚があるといいですよ。

基本は

①場所→周辺から中心に向かって愛撫する

②強さ→最初は弱く、だんだん強く

と考えるといいでしょう。最初は女性が不安にならない「安心モード」を大切にして、徐々に「性感モード」にスイッチしていくイメージです。

徐々に中心に迫るのが基本

女性の体で気持ちがいいところは、乳首やクリトリスなどはもちろんですが、他に淡い性感体になる部分もあります。たとえば鎖骨や肩甲骨、腰骨、くるぶしなどの骨ばっている部分。こういう部分は皮膚が薄いので、気持ちよく感じるのです。

洋服の裏側の縫い目部分も、隠れた責めポイントです。あまり刺激に慣れていない部分なので、Tシャツやシャツなど、服の上からゆっくりさすってあげるくらいで十分です。ゆっくり乾布摩擦しているようなイメージですね。

太ももの裏側や背中も、普段触られない場所なので、意外性があって感じやすいです。ただし、まだ関係が浅い時は、すぐに性感モードになるわけではないので、体をぴたっと密着させて接触する面を増やし、様子を見るくらいのイメージで触れるのがいいでしょう。性感モードになったかなと判断したときは、触れるか触れないかのタッチでやさしく触ってあげてください。

おっぱいは、僕たちが想像しているほど感じるものではないようです。男はやわらかさを楽しむイメージで、揉みたがるし挟みたがるものですが、脂肪なので女性はほとんど気持ちよくないみたいです。

乳首を舐めるのはいいと思います。舐める時は、外側から内側に向かうイメージ。感度の高い乳首にいきなりいくのではなくて、その周辺を「いきますよー」と予感させながら迫っていくほうが、相手の期待感が高まっていくので、感じやすくなります。乳首は指でつねったりねぶったりするのは刺激が強すぎるので、優しく触ってあげてください。

これは、おっぱいに限りませんが、女性が性感モードに突入するのは、男の人より時間がかかります。

ですから、基本的には、**遠くから触ったり舐めたりして、期待を高めてから、だんだん中心に迫るというのがいいのです。**テクニックとしては、期待させておいて、あえてずらして相手の反応を楽しむのもいいでしょう。

クンニも同様です。いきなり性感帯に強い刺激を与えるのではなく、弱い性感帯から強い性感帯に向かって、ゆっくり近づくイメージです。

男性向けのＡＶだとどうしてもクンニは激しく撮影されますが、それは絶対にＮＧ。濡れてないクリトリスに強い刺激を与えたり、甘噛みするのがいいと言っている人もいますが、女性からすると恐ろしいことなのでやめてください。

クリトリスは気持ちよくなると血流がよくなって充血してきて、だんだん大きくなります。最初は舌をおいておくだけでもあたたかくていいですし、動かすのもゆっくりと。ピンポイントでつつくよりは、面で舐めてあげるのがいいでしょう。

ただし、そもそもクンニ自体、されたくないという女性もいるので、最初に確認したほうがいいです。（とはいえ、AVを撮影していると、もっとクンニのシーンを増やしてほしいという要望が多いので、ゆっくり長くクンニをされたい女性も多いのだと思います。）

彼女の反応を確かめ会話する

下半身を舐めたり、手マンしている時に、僕はよく「痛くない？」と聞いてしまいます。

女の子が受け入れてくれているのか、それともまだ怖くて緊張してるかどうかは、体に反応が出る時もあります。たとえば緊張している時は、足が力んでいたり、足を閉じようとしたり、腰が引けていたり、手で動きをおさえようとしたり。声の調子が変わる時もあります。そういう時は、ちゃんと相手の目を見て、彼女が今どういう心理状態なのかを、その都度確認するようにしています。

手を握っていると、怖い時にはぎゅっと力が入ったり、異常に汗をかいたりします。そういうことに気づいた時も、「大丈夫?」「痛くない?」と聞いて、相手の気持ちを確認します。男性向けAVでは「痛くない?」と聞くと、「萎えるからやめて欲しい」と監督に言われたことがありました。一方で、女性向けAVでは優しさのあらわれだと思われるらしく、編集でもカットされずに使われます。逆の立場になって考えてみてください。うるおいがない亀頭部分を激しく刺激されると……どうですか? 痛さの確認はしてほしいですよね。

ただ、床屋さんにいってシャンプーされた時に「かゆいところはありませんか?」と聞かれても、うまく説明できなかったり、面倒な客だと思われたくないから「大丈夫です」って我慢する時のように、「痛くない?」と聞かれても我慢しちゃう女性もいるはずです。ですから理想としては「こっちとこっち、どちらがいい?」と聞くほうがいいと思います。

セックスってけっこう無言になりがちですよね。何か話すと変な気まずさが生まれたり、ムードを壊してしまうという心配があるのかもしれません。

でも僕は女性向けのAVではセックス中にけっこう女優さんに話しかけます。とくに、前戯の「安心モード」から「セクシャルモード」にいく段階は会話が多いです。

そしてこれは女性の視聴者の方に指摘されて初めて気づいたのですが、僕は愛撫をしてる時に、よくうなずくらしいです（笑）。相手の女優さんのことをじっと見て、うんうんってしているのだとか。それを、女性の視聴者が見てくれて、よかったと言ってくださることが多いんです。

これは、男性が女性の反応をじっくり観察して、そのリアクションを受け入れていることが伝わっているのだと思います。

イカせることがゴールではなく、女性のペースを見ながら微調整してる感じが、女性から見ると優しさに見えて嬉しいようです。「間」を楽しめるようになると、いいですね。

女性は前戯の時は、多かれ少なかれ「この人に体を預けていいんだろうか」という不安を感じています。妊娠の危険性や性病の可能性のことも考えますし、なにより体の中に異物が入るわけですから、怖いのも当然です。

撮影現場では、慣れていない女優さんは緊張して濡れない人もいます。こういう時は、リラックスできるまで辛抱強く待ちます。編集ではカットされますけれど、1時間以上男優さんに舐められて、やっとリラックスできて体がほぐれる女優さんもいます。そういった心のガードをまず解いてから、ようやくセックスを受け入れるというイメージなので、前戯や女性に安心してもらうための会話は端折らないほうがいいと思います。

もちろん、信頼関係ができてからだったら、時には「あなたのことを欲している」という欲情を表現して、前戯もそこそこに挿入するケースがあってもいいかもしれません。

・前戯は周辺から中心に。弱から強に
・女性に安心してもらうための会話を大切にする

コンドームの装着

シルクラボは女性向けのAVですが、啓蒙的な意味を込めて、男性がコンドームをつけるシーンを入れることが決まっています。驚いたのは、そのシーンが「優しくてイイ」という声が届いたこと。

コンドームをつける行為は、女性に対する優しさだと理解されることがわかりました。

コンドームの正しいつけ方を知らない人は、意外と多い気がします。

表裏がわからないとか、精液だまりをつままなくてはいけないとか。男性向けのAVにはコンドームをつけるシーンがないので、改めてそれを知る機会もなかったのかもしれません。そういう人は、**ＹｏｕＴｕｂｅに「コンドームの正しいつけ方」という動画があるので、それを見るのがいいと思います。**

コンドームの正しいつけ方

まず、コンドームには表と裏があります。親切なものは、袋に表・裏と書いてあります。

袋にはギザギザがあるのですが、それをそのまま切ってしまうとゴムを傷つける恐れがあるので、袋の形が正方形だとしたら、ずるっとゴムを片側に寄せてから切りましょう。

コンドームを取り出したら、まずは表か裏かを確認します。周囲がちょっとめくれあがってるほうが上で、そうじゃないのが下です。練習すれば、そのうち目で見なくてもどちらが上か下か、わかるようになります。

精液だまりという、ぴょんと盛り上がっている部分があるのですが、それを指でつまんで真空状態にします。ここをつまみながらつけることで、液漏れしないようにするのです。

日本人は仮性包茎が多いのですが、仮性包茎の人は、皮が伸びたところにかぶせます。ちょっと萎えた時とか、皮が余った時でも大丈夫なように遊びをつけるのがいいのですが、これは動画を見たほうがわかりやすいので、ぜひ見てください。

注意しなくてはいけないのは、表裏を間違ってつけてしまった時。もったいないからといって裏返してつけ直してはいけません。一度コンドームをかぶせると、我慢汁が付着している可能性があります。それを裏返して女性に挿入してしまったら意味がないので、そこはケチらず、新しいコンドーム使ってください。終わったあとは、液が漏れないように、ちゃんと縛って捨てます。

男性からは、コンドームをつける時の間抜けな時間が嫌だという声を聞きます。セックスが始まって、いざという時に、コンドームはどこだっけと、財布やバッグを探す瞬間が恥ずかしいんですよね。

その〝間〟をうまくつぶす表現としてシルクラボで行っているのは、キスしながらコンドームを取り出すようなシーンです。(本当は、そのカッコ悪いところも彼女のためを思ってこそなので、カッコ悪さごと愛してもらうのが一番なんですけれどね。)

男性がコンドームをつける練習をするのも大事ですが、女性にも自分の身を守るためにコンドームのつけ方を覚えてほしいと思います。

ふたりの秘密の遊びみたいな感じで、女性がつけてあげるのもいいと思います。

- **コンドームをつけることは彼女への優しさ**
- **コンドームの正しいつけ方を動画で確認しておく**

挿入

挿入のタイミングは、女性が「入れて」と言ってくれるのが、一番わかりやすいし、女性の準備も整っているので理想なのですが、毎回そのタイミングを教えてもらえるとは限りません。

女性の中には、男性が「我慢できない」と言って入ってくるのが嬉しいという人もいるので、自分が本当に我慢できなかったらそう伝えていいと思います。もし女性に「私がイってから」と言われたら、引き返せばいいんです。

自分がやりたいと言えるのも大事だし、女性が「入れて」と言える関係性も大事だと思います。ただし、無言でいきなり入れるのはやめたほうがいいと思います。

とくに、彼女が初めてだったり、まだセックスに慣れていない時は、挿入は無理やりしないこと。

女の子が怖がって踏ん張っている時に挿入すると、よけいに痛くなったりします。逆にリラックスして筋肉もほぐれて受け入れ態勢になっていると、慣れていなくてもスムーズに入ったりします。

挿入はゆっくり。ズボッじゃなくて、濡れ具合と相談して、反応を見ながらできたら理想です。

男性向けAVでは派手なアクションが欲しいから、挿入シーンはいきなりズボッと奥まで入れることもあります。

けれども、女性向けAVではこれは絶対になくて、**まずは少しだけ入れてみて「大丈夫?」と確認して、もし「痛い」と言われたら、先のほうだけ入れてしばらくこのまま待ってるね、となります**。挿入の快感よりも、つながり合ってる喜びを伝える間があるのです。

男性はすぐに腰を激しく動かしたくなりますが、それをぐっと我慢して、彼女の中に入ったまま、その膣の形を感じる時間をとってみてください。強い刺激ではありませんが、中が徐々にフィットしてくる感じは、またいいものです。

ローションを使うのも手

僕は、濡れてなかったらローションを使ってもいいと思っています。男優界の中では、「安易にそういうのは使わないほうがいいんじゃないか派」もあるんですが、僕はあまりこだわりません。

女性が感じていたとしても、体調などによって濡れにくい場合もあるからです。

撮影現場にはだいたい、「ウェットトラスト」という挿入型のローションが用意されています。僕たちはこれを仕込みローションと呼んでいますが、洗い流す時に女性にあまり負荷がないものです。これをタンポンのように膣の中に入れてぽんと押すと、中でローションがたまるので、すべりがよくなります。ちょっと心配な時は、女優さんがトイレで入れて用意してくれます。

潤滑油は体に塗って楽しむぶんにはいいのですが、膣に入れるとカピカピしてカンジダになりやすいものもあります。ですから、ちゃんと成分を調べて、水溶性のものものを選ぶことも大事です。

中折れした時には

セックスの最中に中折れしてしまったり、いざという時に芯が入らないという経験がある人もいるかもしれません。

1章でもお話ししましたが、僕は中折れしやすくて、僕の中折れ復帰待ちは「一徹地獄」と呼ばれていました。

現場で一徹地獄の〝勃ち待ち〟が始まったら、できるだけ和やかにしていてくださいとお願いします。みんなが待っていますから、可及的速やかに勃たせたいのですが、現場がピリピリしてシーンとしていると、僕の場合は余計時間がかかってしまうのです。「早く勃たせろよ」という空気を感じるとダイレクトにメンタルを打撃されるので、復帰にも時間がかかってしまいます。

女優さんに「私のせいですね。ごめんなさい」という空気感を出される時も、逆にプレッシャーになります。どちらかというと茶化されるくらいのほうが、早く復帰できます。

ただし、これは男優さんにもよるみたいです。静かな場所のほうが集中して復帰しやすいという人もいます。

中折れや勃たない時の原因は、主にメンタルです。僕自身、初めて彼女とセックスすることになった時にも、勃ちませんでした。

　血流が関係するので、体が疲れているとか、荒れた食生活や運動不足、喫煙や飲酒も原因になりますが、大抵はメンタルだと思います。

　プライベートのセックスで、せっかく彼女と一緒になれたのに、中折れしてしまうと焦りますよね。でも、焦れば焦るほど、空回りします。刺激を強くすれば勃つというわけでもありません。無理に刺激を強くして勃起させることを続けていると、感覚が麻痺してしまって、勃ちにくくなることもあるので、無理はしないようにしましょう。

　まずリラックスして副交感神経を優位にさせたところから、だんだんゆっくり弱い刺激を与えていって興奮させます。それから交感神経を活発にさせたほうが僕の経験上、復活させやすいです。

　男優さんはそれぞれ勃ち待ちになってしまった時のために、自分が興奮できるストックを、自分の中に持っています。言ってみれば、エロストックです。これがあると、いざという時に安心です。ただし、勃たせることに集中しすぎて相手を放置してしまわないように十分注意してください。

自分が興奮する彼女のポイントを見てエロいイメージを膨らませたり、性感帯を刺激してもらったりするのもいいかもしれません。とくにおすすめなのは乳首。プロの男優さんでも、女優さんに乳首を舐めてもらいながら、自分でしごいて「お願いします」とハメている人もいます。ですから、必要以上に中折れを恐れないでくださいね。

- 挿入する時は確認しながら
- 最初から激しく動かず、相手の反応に合わせる
- 中折れした時はリラックスして、ゆっくり刺激を与える

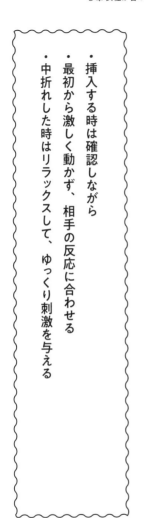

セックスのあと

最後に、イったあとの、いわゆる「賢者タイム」についてもお話ししましょう。

男性向けAVだと、事後のシーンからは、なぜか男優が消えています（笑）。でも、女性向けのAVでは、終わったあとにいちゃいちゃして、うふふ、あははとじゃれるシーンがあります。たとえば「好きだよ」と言ってキスをしたり、髪をなでてあげたり、そんなシーンです。

この時間は、男性が試される時間ですね。生物学的にも、男性は射精したあとは、他のオスに襲われないために、一気に冷静になるという人もいます。

でも僕は、この時間に男性が「私のことをどれだけ好きか」を女性に見定められているる気がします。この時間に「私のこと、どれくらい好き？」と聞かれると、男性のなかには「今はそっとしておいてほしい」と思う人もいるはずです。ぼくもやっぱりそう思うことはあります。でもだからこそ、ここで「大好きだよ」と言える男性が素敵だと思うのです。

男性にとっては、踏み絵のような時間に感じてしまうかもしれません。でも、女性にとっては事後のスキンシップは挿入時間以上に大事だったりします。

もちろんすぐにシャワーを浴びたいという女性もいるので一概には言えませんが、この時間を仲良く過ごすことも、彼女との関係性を深めるためには重要だということを心に留めておいてください。

女性がイケなかったということもあるかもしれません。

でも、開き直るわけではないのですが、女性をイカせることだけに執着してしまうと、肝心の彼女の気持ちを置いてきぼりにしてしまうこともあります。前に話したように、イってほしいという気持ちが、女性にプレッシャーをかけてしまうこともあります。

大事なのは、ちゃんとコミュニケーションをとれること。彼女に精神的な充足感を感じてもらうことです。

セックスの楽しみは、自分が気持ちよくなることだけではなく、相手を受け入れることの喜びにもあると僕は思っています。

セックスはもともと楽しいもの。「愛されたいなら、愛しなさい」ではありませんが、お互いがお互いを思いやることができれば、セックスももっと楽しめますよ！

・射精のあと冷静になっても、できるだけコミュニケーションをとる

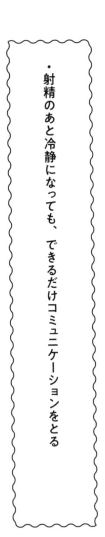

3章

これからのセックスは どう変わる？

セックスコストがあがっている

ここまで、男性向けＡＶ、女性向けＡＶの違いをお話ししながら、セックスについて考えてきました。

3章では、これからのセックスがどのように変わっていくのかについて考えてみたいと思います。

よく言われているのは、日本人全体の「セックス離れ」です。

年齢別の性交渉未経験者の割合（2015年）

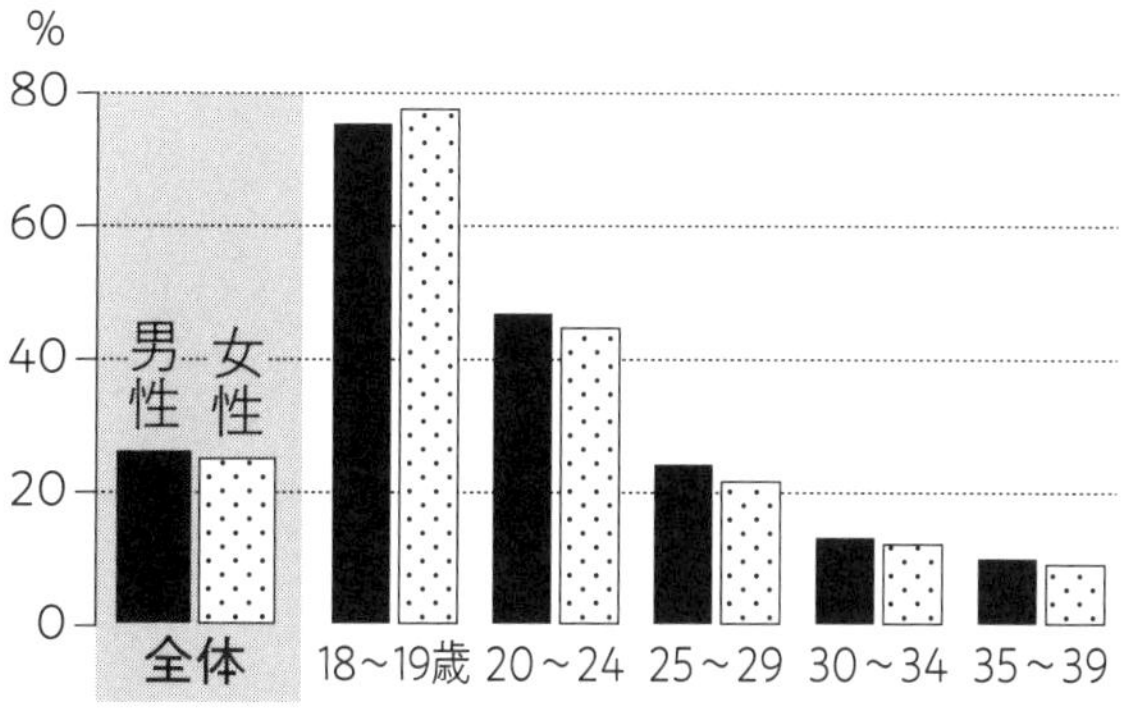

＊出典：東京新聞 2019年4月8日夕刊（www.tokyo-np.co.jp/article/national/list/201904/CK2019040802000305.html）

増える未経験者と未婚

たとえば、東京大学とスウェーデン・カロリンスカ研究所のチームの発表によると、**18〜39歳の日本人の25パーセントに性交渉経験がないそうです。**１９９２年は20パーセントだったそうなので、23年間でずいぶん、セックス未経験者が増えたと言えるでしょう。30代に限っても、ほぼ10人に１人が未経験だったそうです。

また、結婚しない人たちも年々増えていて、「２０１５年国勢調査」によると、30代前半の男性の未婚率は47・１パーセント。約半数が35歳までに結婚していないことがわかります。

生涯未婚率も年々あがっていて、50歳時点で一度も結婚歴がない人の割合は男性で約４人に１人、女性で約７人に１人だそうです。

セックスをする男女が減っている。結婚する人も減っている。これらには、いろんな要因があると言われています。

大きなところでは、経済的な側面。若い世代の低賃金化は社会問題にもなっています。将来を考えると、お金を使いたくても使えない。これは男性も女性も同じです。

50歳時点で1度も結婚歴がない男女の割合（%）

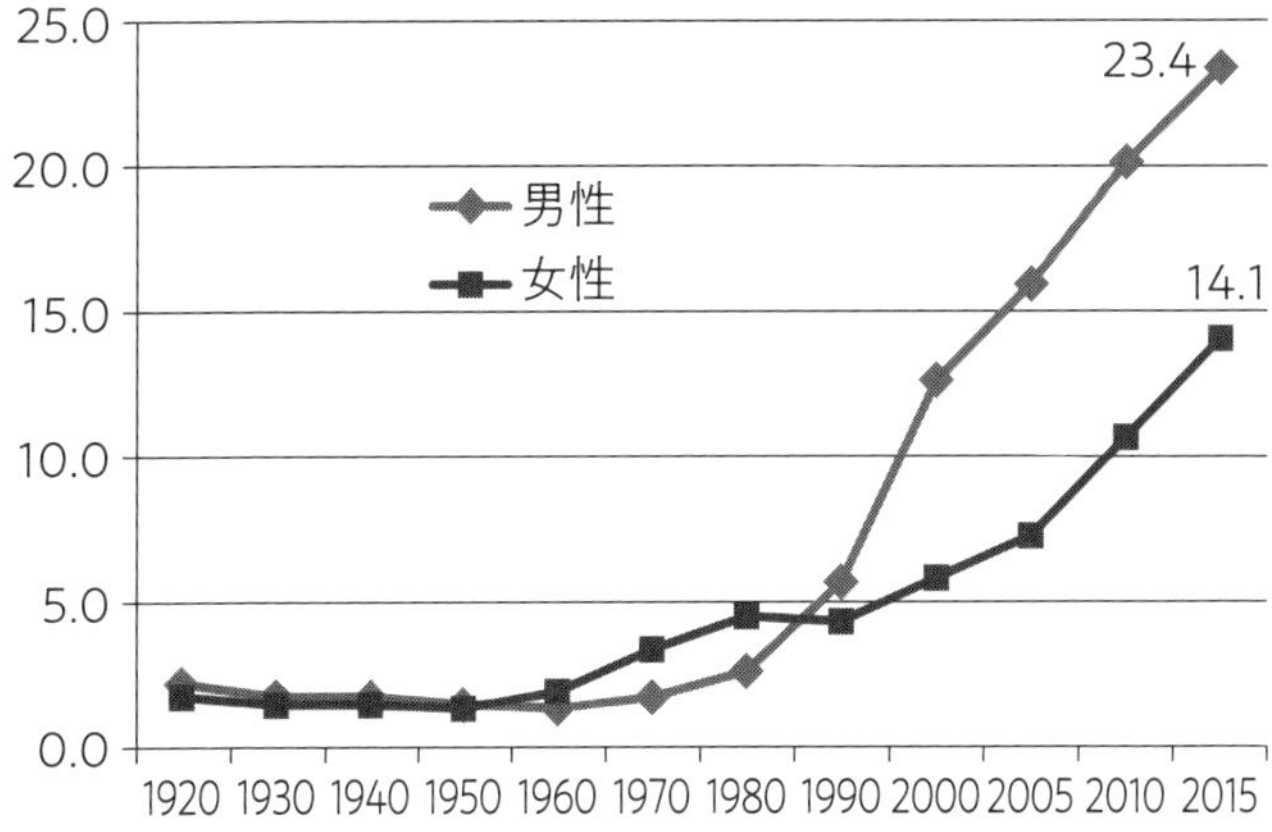

＊国立社会保障・人口問題研究所「人口統計資料集（2017年改訂版）」をもとに著者が作成

経済力とセックス・結婚の関係

もしここに、「デートでは男性がおごるのが当然」という空気があるとしたら、男性は女性をデートに誘えない、セックスまで持ち込めない、結婚しても養えないという状況が生まれていても不思議ではありません。

実際、男性は女性をリードすべきだと考える大学生は3分の2近くいるとも言われています。

加えて、2章でお話ししたような、性的同意の課題があります。100パーセント同意の上で行ったと言い切れるセックスでないと、のちのちトラブルになる可能性があるとなると、及び腰になるのもわかります。

現実問題として、恋愛、セックス、結婚のための物理的・精神的コストが、若い男性にとって大きな負担になっているように思います。

近年「パパ活」という名の年配男性と若い女性の交際も話題になっています。収入面だけでいうと、経済的余裕のある年配の男性に、学校を出たばかりの若い男性が太

男性は女性をリードするべきだ（そう思う・どちらかといえばそう思う）

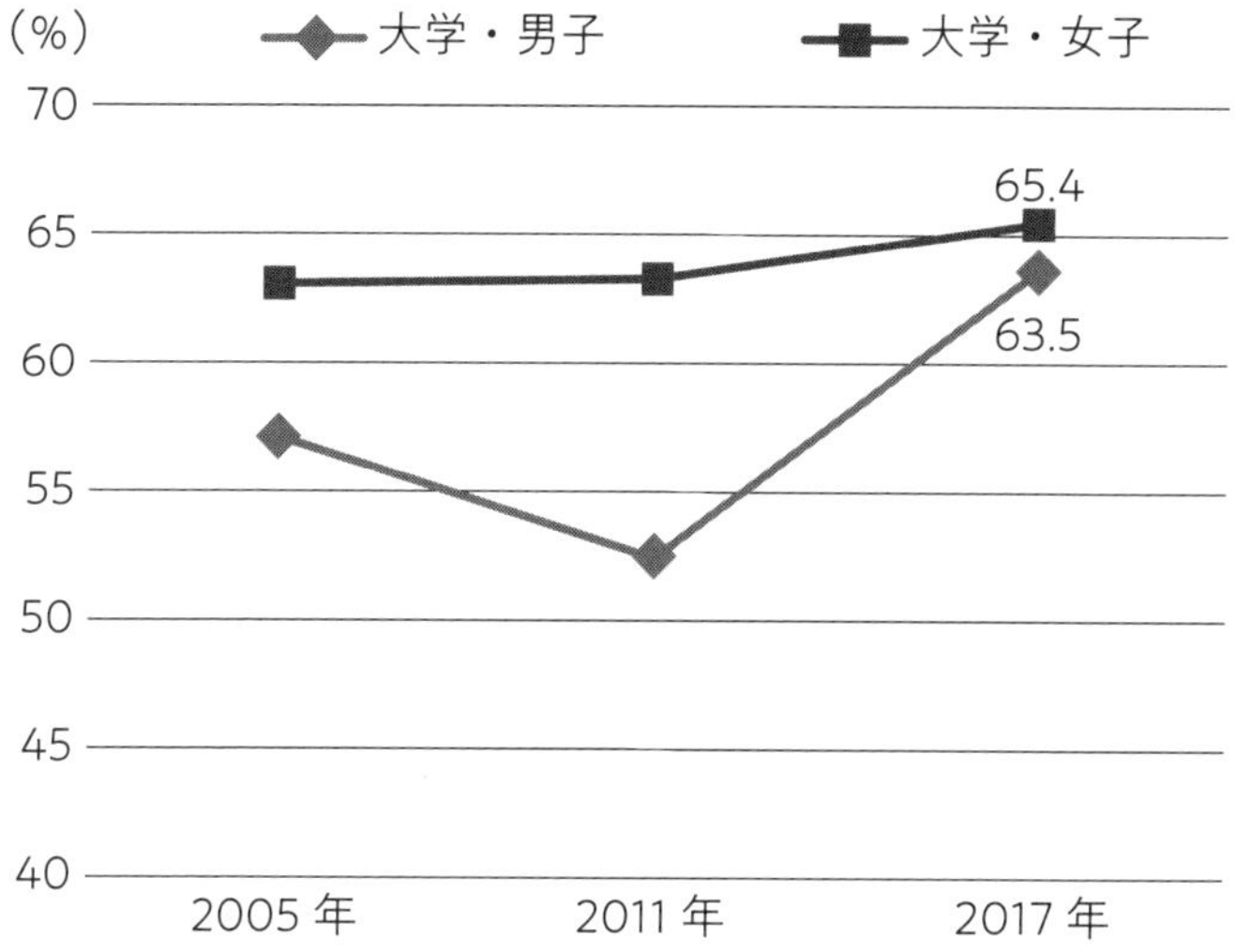

＊日本性教育協会「青少年の性行動全国調査（第6回〜第8回）」をもとに著者が作成

刀打ちできるはずがありません。
女性の社会進出が当たり前になった今でも、女性が交際相手や結婚相手に求める条件には「経済力」が上位にあがります。
むしろ、国立社会保障・人口問題研究所による「出生動向基本調査」によると1997年の調査よりも、2015年の調査時の方が、「結婚相手の条件で重視する点」として「経済力」の数字があがっているほどです。

もちろんこれを見て、一概に「女性はわがままだ」と切り捨てるわけにはいかないと感じます。女性が働きやすい社会になったとはいえ、残念ながら、男性に比べてまだ女性の賃金が安い状況もあります。出産時には物理的に休業しなくてはならない事情もあるでしょう。だからそのぶん、パートナーに経済力を求めるという面もあるのかもしれません。

でも、卵が先か、鶏が先かという話と同様、男女どちらか片方だけの問題でないことは間違いありません。女性にとって生きづらい社会は男性にとっても生きづらいと思うのです。

これを変えていくためには、男女ともに男性がすべてをリードする、男性が女性を養うという考え方を変えていく必要があると言えます。

こういった、セックスに対するコストがあがる一方で、AVをはじめとする性を処理できるツールや場は増えました。「可愛い女性の裸」がデフレを起こしている状況とも言えます。

AV業界でも、綺麗な女優さんたちが、どんどん新作を発表していきます。2次元の世界ならトラブルになることもないと、AVでオナニーすれば十分という男性も増えています。性欲処理が、どんどんイージーになってきています。

そこにきてVRの登場です。近い将来、自分好みの顔の女の子と擬似セックスできる日もくるでしょう。現在でも、VRもののAV動画の人気はどんどんあがっています。

可愛くて、リスクもなくて、限りなくリアルに近い感覚のVRセックスが当たり前になった時、コストをかけてまで人間関係を大事にする必要があるのか？ それでも僕たちはセックスをしようと思うのか？

これに対する明確な回答は、僕も持ち合わせていません。これはみなさんと一緒に考えていきたいと思っています。

・若い男性にとって、恋愛・セックス・結婚のコストが大きな負担になっている
・男性がすべてリードするという考えにとらわれない

それでもセックスを諦めないで

セックスのコストは高くなる。

その一方、AVやVRのクオリティはどんどん高くなっている。

そんな時代に、もし僕が今20歳の自分と出会ってアドバイスをすることがあったら、何と言うだろうかと考えてみました。

しばらく悩んだのですが、僕は「それでもセックスを諦めないで」と言いたいなと思います。

綺麗ごとかもしれませんが、生身の人と人が触れ合ってできるコミュニケーションは特別だと思うから。自分自身も諦めたくないし、20代の彼にも諦めてほしくないと思うからです。

オナニーとセックスはやっぱり違う

実は、僕自身、過去にオナニーだけで自分の快楽を満たせば幸せになれるかどうかを実験したことがあります。

ちょうど専属契約が終了したところだったので、少し仕事を休もうと思ったこともあるし、これまで仕事でもプライベートでも使っていた女性に対する性欲を何かの方向に向けたら、だいたいのことはできるんじゃないかと思って禁欲することにしたのです。セックスに向けるエネルギーをマラソンに向けてみようと思って、マラソン大会に出たりもしました。

でも、僕の場合は、ダメだったんですよね。

セックスをやめてオナニーだけで処理していたら、3、4カ月したところで、ちょっと鬱っぽくなってしまったんです。欲しいものもなくなるし、出かけるのもおっくうになってしまって。毎日ベッドに横になって好きな映画観て、眠くなったら寝るという、怠惰な生活になってしまって。

そこで、**オナニーとセックスは全然違うんだなと気づきました。**

僕にとっては、相手の女性のことを考えたり、その女性に受け入れてもらったり受け入れたりするという行為がすごく重要だったんだなということに、あらためて気づいたわけです。

オナニーと違って、生身の女性とセックスをする時には、同意が必要です。**では、どうやってセックスの同意をとればいいかというと、もう素直に「僕はあなたとエッチがしたいです」と言うしかないと思います。**

それで、ダメだったらちゃんと「ごめんなさい」と言って引き下がる。そこでちゃんと引く気持ちがあれば、女性に怖がられたりすることもないと思います。

そこに駆け引きや慣れは不要だと思います。お酒を飲ませてあわよくばというのも絶対ダメ。誠実に自分の気持ちを伝える。もう、その真っ向勝負だと思います。

実は、男性がセックスを避けるようになったので、口説いてもらえなくなったことに傷ついている女性もいるようです。終電がなくなって、女性はセックスをしてもいいという気持ちでいたのに、男性側が口説いてくれなかったという話も聞きました。女性は女性で恋をしたりセックスをしたりするハードルが上がってしまっている現状があると思うのです。

だから僕は、もう男性がリードして、女性は口説かれるのを待つべきという考えはやめたほうがいいんじゃないかと思います。「好きだ」「セックスしたい」と思ったら、性別に関係なく気持ちを伝えればいい。「男だからうまくリードしなきゃ、口説かなきゃ」と気負わなくていいんです。

男性だから、女性だからという先入観を取り払うことも大事だし、素直に自分の気持ちを伝えることも大事。

このことは、最後に掲載している対談で紗倉まなちゃんとも語り合ったので、ぜひ読んでもらえたら嬉しいです。

・生身同士のセックスを諦めず、素直に「エッチがしたい」と伝える
・男性だから、女性だからの先入観を取り払う

増えるセックスレス

ここまでは未婚の男女の話をしてきましたが、2015年に発表された日本家族計画協会のデータによると、**既婚者の44・6パーセントが1カ月セックスをしていないとなっています。ほぼ半数ですよね。**

夫婦間のセックスレスにも、いろんな原因があると言われています。

ひとつはメディアによるセックスレスの煽《あお》りがあると思います。また、共働きが増えて、忙しい夫婦が増えていることなどもあるでしょう。

さらに、先にお話ししたAVをはじめとする動画や雑誌の入手が手軽になって、そちらで性欲の処理を済ませてしまうということもあるかもしれません。

婚姻関係にあるカップルで進むセックスレス化

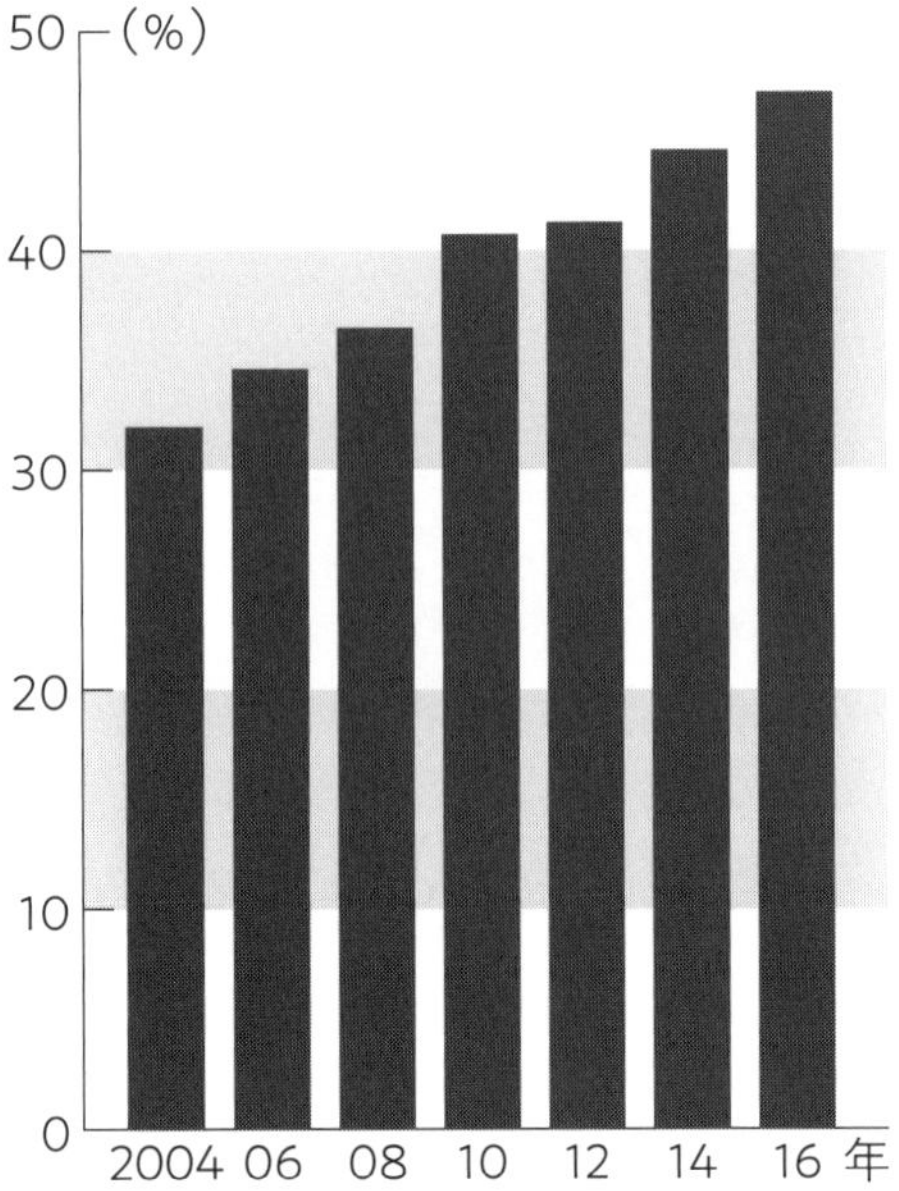

＊日本家族計画協会「男女の生活と意識に関する調査」（第２回～第８回）をもとに著者が作成

これまでは男性が家庭で甘やかされてきたところもあるのではないかと感じます。以前、男性が外で稼いでくるのが当たり前という時代は、女性はポケットにキャバクラや風俗の割引券を見つけても、我慢して受け入れていたところがあったかもしれません。見て見ぬふりをするという話も聞きました。

でも、女性も経済力をつけ、対等なパートナーとなったときに、そこは我慢する必要がないと感じるようになったのだと思います。また、お互いの合意の上であれば、パートナーとセックスをしないという考えもあるかと思います。

セックスをするもしないも、対等な関係で選べるようになった。そんな時代なのかもしれません。

いわゆる「夜のおつとめ」のような義務感が男女両方から消え、夫婦であったとしても、セックスを断れる状況になってきた。これはこれで、健全な状態とも言えます。相手に無理強いをしない社会になったとも言えるかもしれません。

「家族としては好きだけれど、セックスはしたくない」と思うのであれば、それを伝えて新しい関係を築くという方法もあり得るでしょう。

セックス以外に愛情の確認をとれるのであれば、それでもいいのかもしれません。夫婦の数だけ、セックスの形があっていいと思います。

・セックスするもしないも、パートナーとの関係で選べる時代になった

セックスレスを解消する方法

それでもセックスレスから抜け出したいと思った場合は、やはり、パートナーと向き合う必要があると感じます。

以前、知り合いの夫婦が大げんかになったことがあると教えてくれました。でも男性のほうが、そのあと冷静になって振り返って、やっぱり離婚はしたくないと思ったんだそうです。

そこで、もう一度仲良くなるためにどうすればいいかと考えた時に、付き合った時を振り返ってみたのだとか。

結婚してから……、子どもができてから……、何が変わったかと考えたら、やはりセックスの回数が減ったと思ったんだそうです。だから、もう一度セックスをしようと奥さんに提案したそうなんですね。

けんかをしている状況だから、それを提案した時の空気は最悪だったけれど、やっぱりセックスを取り戻したら、一気に仲良くなれたというんです。

この話を聞いて「頭で考えていることと心と体で考えていることは、実は違ったりする」ということを感じました。

ムカついていても笑っていたらだんだん楽しくなるのと同じで、セックスが仲を取り持ってくれることもあると感じます。

セックスの予定を決めるのもあり

その話で、僕がとくにおもしろいと思ったのは、彼が「この日はセックスをする日だと決めよう」と伝えたところです。最初は奥さんが、「それだとムードも何もないじゃないか」と言ってきたそうなのですが、実際に実行したら、とてもスムーズにうまくいっているそうです。

実は、僕自身もセックスレスになったことがあって、その時は彼と同じ方法をとったんです。なので、彼の話にとても共感しました。

最初に彼女に言い出すのはすごく勇気がいることだったのですが、今は伝えてよかったと思っています。

次の日の仕事が早いとか、疲れていて難しいというように、セックスを断る時もあるのですが、その時は、断ったほうから次を提案しようということも決めました。

これは男性でも女性でも同じだと思うのですが、たとえ夫婦でも2度続けてセックスを断られたら、メンタルがきついですよね。だから、断ったほうが次に誘う。そういうルールがあれば、お互い誘いやすいし、無理をしないでもすむのかなと思っています。

子どもが生まれたり、お互いの仕事が忙しかったりする時は、セックスについて話すのもはばかられたり、面倒になってしまったりすると思います。正面切ってセックスについて話すのも野暮なんじゃないかとか、ムードがないとか……。

でも、カッコ悪くても、恥ずかしくても、夫婦でセックスについて真面目に話すことは大事だと感じます。

男性がセックスを求めなくなると、「女性として、もう魅力がないのかな」と悩んでしまうという話もよく聞きます。

ですから、セックスの話ほど、真面目に正面切って話をする、くらいの勢いでいいのではないかと思います。


夫婦のセックス再開にAVを使ったという話も聞きます。男性向けのAVも女性向けのAVも、どちらもファンタジーがありますが、夫婦で仲良くセックスできるきっかけになったら嬉しいです。


セックスレスについてもうひとつ大事だと思うのは、セックスのハードルを下げることです。

男性はどうしても「セックス＝射精」と考えてしまいます。でも、自分や相手の体調や都合で射精をともなうセックスが難しいこともある。そんなときは「1分間ハグし合う」などセックスの定義を変えるのがいいと思います。

僕は、お互いがお互いを大事にしている気持ちを共有することができたら、それはもう「セックス」だと思うんです。お互いの気持ちを通わせる方法を、相手と話し合ってみてください。

・夫婦でセックスについて真面目に話をする
・ルールを決めるのもセックスレス回避の一つの方法

対談

紗倉まな

×

一徹

「男らしさ」「女らしさ」
から自由になって、
もっとセックスを
楽しもう

（聞き手　竹下隆一郎／ハフポスト日本版編集長）

男性向けＡＶ、女性向けＡＶ、それぞれの幻想

今日はＡＶ業界の現場で働くお二人の視点から、どのように考えたら、男女ともにお互い尊重し合えるセックスができるのかについて、お話しいただけたらと思います。現在のＡＶ業界に感じる傾向や課題ってどんなことですか？

紗倉まなさん（以下、紗倉） 時代によって作品の流行り廃りがあるのですが、ここ１、２年、世の中ではタブー視されるような痴漢や不倫、レイプまがいのいわゆる強引系の作品がすごく売れています。私自身、去年そういう作品があまりにも多く、精神的にくらってしまった月もありました（笑）。

一徹 たしかに、そういう作品が人気の上位にきていましたよね。

紗倉 **最近は性に対する抑圧も強いし、ひょっとしたら、その抑圧された気持ちが反動として出ているのかもしれない。** 綺麗な女優さんを強引に自分のモノにするという男性の潜在的な願望も含まれているのかもしれないと感じます。

紗倉まな
1993年千葉県生まれ。工業高等専門学校在学中の2012年にSODクリエイトの専属女優としてAVデビュー。2015年にはスカパー！アダルト放送大賞で史上初の三冠を達成する。文筆家としても活躍しており、著書に小説『最低。』『凹凸』、エッセイに『働くおっぱい』（以上、KADOKAWA）などがある。

でも、こういった作品ばかりが売れることは、ちょっと怖いなとも思います。それを見た男性が、「嫌よ嫌よも好きのうちでしょ」みたいな思考につながっていないかと心配で。需要があるから作られているのはわかっているのですけれど、そういった作品が多くなることで、セックスの概念がいびつになってしまわないかな、ということは気になります。

一徹さんが出演されているAVは、まろやかな作品が多いですよね？

一徹　そうですね。僕は女性向けにリリースされる作品に出ているので、もう少しまろやかです。男女がカップルで仲良くエッチするという形が多いので。

でも、今、まなちゃんが言ったような、背徳感をエッセンスにした作品も徐々に増えてきているんですよ。僕が専属で出演していたシルクラボに、ひとつ上のレベルのアンドレスというレーベルができたんです。ここでは、嫉妬や不倫をテーマにした作品も盛り込んでいます。男性向けのAVでよく扱われる背徳感というテーマを、女性向けにアレンジしたものが出てくるようになりました。

紗倉　お互いに影響し合っているところがあるのかもしれないですね。

一徹さんとは同じAV業界に身を置いていますけれど、やっぱり男性向けのAVと女性向けAVだと、セックスの捉え方がずいぶん違うなと感じます。**どちらかというと男性向けAVのほうが、激しいし、女性から見たらえげつないものも多い。**そうなると、よくない影響を及ぼすのは、男性向けAVが多いのかなって私は勝手に思っているんですけれど、実際はどうなのでしょう。女性向けAVってそういう悪害めいたものがまったくないイメージがあるんですけれど。

一徹　いや、女性向けは女性向けで、現実とは離れた幻想を表現しすぎなのかもしれないと反省する面もあるんですよね。

紗倉　王子様的な？

一徹　いや、もう、本当にごめんなさい。実際は朝起きたら耳のあたりの枕の臭いがヤバかったりするのにね（笑）。

本当は僕自身、結婚もしているし、子どももいますし。でも、そういう情報はなぜか伝わっていなくて、**ＡＶの中でのふるまいだけが一人歩きしてしまう。そうなると、幻想がエスカレートすることもあるのかなと思って。**それが、この1年くらいの間に反省したことでもあります。

紗倉　たしかに、演じている私たちにも幻想を抱かれることってありますよね。演出で行っていることも、本人のリアルな趣向なんじゃないかと思われたり。

AVの幻想とリアルの境界

紗倉　この間、テレビの収録で女性向けAVの話が出たんです。男優さんが女優さんに挿入する前に「俺にまかせて」と言っていたって。それを見たケンコバさんが、「俺は、恥ずかしくて言えないって」(笑)。

一徹　「俺にまかせて」ですか。いや、僕もプライベートでは言わないですよね(笑)。

紗倉　えー、言ってるのかと思いました(笑)。ワイルド系の男性は言いにくいセリフかもしれないけれど、女性向けAVの男優さんって、綺麗な方が多いから。さらりと言ってそう。

一徹　たしかに、色黒マッチョという感じの人は少ないかもしれない。でも、女性向けのAVにもやっぱりファンタジーがあると思います。実際に壁ドンされて「お前を俺のモノにしてやる」とか、リアルにされたら怖いでしょ。

紗倉　たしかに(笑)。

一徹　頭ぽんぽんとかも、知らない男にされたら恐怖でしかないですよね。

紗倉　(笑)。

一徹　僕自身は、映像を見て自分の欲求を解消するぶんには、誰も傷つけるわけではないから問題ないと思っています。

ただ、それを相手の同意なしにリアルなセックスの場に持ち込んでしまうと弊害が出ることもある。**AVはAVというファンタジーであることをわかった上で、楽しみませんかと思っているんだけど**……。そこが難しいのかなあ。お互いが了承のうえならプレイとして「こんなネタもあるんだよ」と楽しんでもらえると思うんですよね。

紗倉　そうなんですよね。たしかにそこが難しい。

一徹　最近、AVの内容ってハードじゃないですか？　それこそ、デビューでいきなり電マや3Pがあったり、潮吹きがあったり。まなちゃんはどうでした？

紗倉　私の時はまだ、デビューの作品の演出はおだやかでしたよね。たしか、階段に男性が隠れていて、そのいちもつを舐めるとか(笑)。そのあとは1対1のハメ撮りという感じだったのですごくソフトで。

一徹　たしかに、ソフト。まだVHSだった時代は、作品1本に対して、2つのからみを2日間で撮るという感じだったのが、最近は撮影も1日で、からみがあって、オモチャがあって、フェラがあって、オナニーがあって、3Pがあって……と。それがデビューもののパッケージになっているところがあるから。

紗倉　かける時間が短いのに内容は盛りだくさんで、負担が大きいですよね。

一徹　そう。それがスタンダードになってくると、見ている人が「あ、じゃあ、デビューでもう電マ使ってオナニーするのは普通なんだ」とか、いきなりここまでやらせていいんだと思ってしまいますよね。

紗倉　それこそ、処女デビューの子もいるわけじゃないですか。**でも、処女の子がこれをできるんだと思われちゃうと、じゃあ、一通りのことはやってもいいんだって思われてしまうかもしれない。**

一徹　まなちゃん、前に潮吹きのプレッシャーについて話をしていたことあったと思うんだけど、今はどう？

紗倉　そうなんです。思うように期待に添えず、本当は私、潮吹きが苦手なのかもしれないと思ったこともあります。それができないと女優としての価値がないんじゃないかと感じてしまったりして。当たり前に思われてしまうと心も体も麻痺してしまいますね。

一徹　たしかに、女優さんはみんな潮吹きできなきゃいけないってプレッシャーになっているところがある気がする。

紗倉　だからたまに後輩から「本当はこういうプレイ、苦手なんです」と相談されたりすると、「ああ、私、すごく感覚が麻痺しちゃっているな」と感じるし、自分自身のことを考え直す機会になりますね。

一徹　**性に対して教科書はないというけれど、潮吹きはやりすぎなんじゃないかって思う。**

紗倉　わかります。この業界に入らなかったら、きっと一生通ることがなかった道だったんじゃないかな。

一徹　でも潮吹きに限らず、激しい手マンとかも一般に広がっていて、そうしないと女性が満足しないと思われていることもある。

紗倉　そうなんですよね。イカせることがゴールの男性っていると思います。すごく長く手マンしてくるとか。潮を吹くまでやめないぞという感じの。

一徹　それもやっぱりＡＶの影響があるよね。やっぱりどうしても派手な映像を求めるところがあるから。

紗倉　一方で、省略される部分もあるじゃないですか。たとえば撮影でコンドームをしてても、男性向けの作品ではそのシーンは描写されないですよね。だからつけなくてもいいんだ、それでも妊娠しないものなんだと思われてしまったり。

一徹さん、女性向けのＡＶではコンドームをつけるシーンもちゃんと見せているっておっしゃっていましたよね。

一徹　そうですね。女性向けＡＶを見て初めて、ＡＶでもコンドームをつけるんだと

知りましたという声もいただきます。

紗倉　そういうシーン、男性向けでも本当は入れるべきですよね。でも、やっぱり乱暴さや強引さを売りにしてる作品ではそれが難しい。ＡＶはファンタジーと捉えてる方も多いので。ここは私も仕事しながら、自分で心が痛くなっている部分でもあります。できれば変わってほしいなと切実に思います。

昔は18歳以上の分別ある大人がこれはフィクションだ、とわかった上で見るものだという前提がありました。でも今は違法ダウンロードが横行し、必ずしも18歳以上の視聴者だけが見ているとは言えなくなりましたよね。**分別がつかない人たちに、映像の内容を丸々信じられてしまったら被害を受ける女性が増えてしまうかもしれないと思うこともあります。**私も、罪深いことをしているかもしれないと心を痛める時もあります。

一徹　僕も同じ課題感を感じています。

紗倉　たとえばテレビでも映画でもＣＭでも、「※これはフィクションです」とか、「※暴力的なシーンが含まれます」みたいな、注意喚起があるじゃないですか。ＡＶでも注意喚起するしかないのかなあ、とか。

一徹　**そのとおりだね。**

紗倉　ＡＶとして萎えてしまうのかもしれないんですけど、本当はそうできたらいいのになって心の中では思います。

セックス感想戦

一徹　セックスに関しての話が、もう少しオープンにできるといいですよね。女性が本当に気持ちいいのかどうかって、実は男性にはわからないところだし。

紗倉　私はできればセックスの感想をシェアしたいタイプなんですけれど、それって相手を傷つけるかもしれないし、情緒がないと言われるかもしれないから、意外と難しいんですよね。一徹さんはどうですか？　プライベートでのセックスでは「これはどうだった？」など相手に聞きますか？

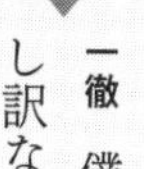

一徹　僕は「自分だけ気持ちよくなって申し訳ない」って言っちゃうんですよね。それを会話のきっかけとして、相手の出かたを待ちます。

紗倉　さすがです。私は聞いてくれるほうがいいけどなあ。

一徹　**でも、「どうだった？」って聞くと、女の人は「よくない」とは言いにくいから、何か質問の切り口を変えたほうがいいんじゃないかという気もしています。**

時々、相手の方がすごく気をつかってくれる時があって、そういう時「ああ、たぶんこれ、早く終わらせたいんだろうな」って思う時があるんですよ。

紗倉　それはまた、現実的な（笑）。やっぱり、なんとかいかせようとしているのって、男性にはお見通しなんですかね。

一徹　これは仕事の時の話だけれど、僕が発射に手こずってる時に、相手の女優さんがアソコをバナナだったら切れるんじゃないかぐらいの圧力をかけてくれたことがあって……。

紗倉　ええ!?

一徹　うっ、ううっ、という声を出すけれども、逆に「まだ足りないのかな」と思われてさらに締まりがよくなるという。もう、顔真っ赤ですよ。でも、言えなかったですね。だから僕、中でアソコをゆらすだけで射精する技を覚えました（笑）。ピストンの摩擦だともう殺されちゃう……。

紗倉　（笑）。それ、相当器用じゃないとできないですよね。一徹さんだけにできることだと思います！

一徹　それでも、やっぱりよかれと思って頑張ってくださっているので、言えないんですよね。

紗倉　わかります。私も、ＳＯＳを出したい時は、めちゃくちゃ体をぐねぐね動かしたり、無言で手を引っ張ってみたりするんですよ。**でも、ＡＶ女優である私ですら言いにくいのに、普通だったらもっと言えないだろうなあと思います。**

一徹　わかります。

紗倉　嫌なことを嫌だと言えるカードがあるといいですよね。イエローカードとか、レッドカードとか。

一徹　たしかに。AVだと、タップがあるよね。トントンって相手の体を叩くと、痛いとか、嫌だとか。

紗倉　そういう合図をカップルでとりきめるのもいいですよね。

私はセックスが終わったあとのピロートークでいろいろ感想を話したいと思うんですけれど、それもまた難しいですよね。男性は放出しきってるわけですし。

一徹　たとえばどんなことを話したいの？

紗倉　「ところでさっき乳首舐めるのめっちゃおざなりだったけど、すごい疲れてた？」とか（笑）「これあんまり好きじゃない？」とか。でも、事後にそういうことを聞くと、ちょっぴり嫌そうな顔をされちゃうんですよね。うーん、私がもし言われるとしたらいつがいいんだろう。でも、普通に普段の会話の中で出てもいいのかなって思います。日常の中でフラットに話せるぐらいの感覚で付き合いたいとは思うんですよ。そんな生々しい話とかじゃなくて、「あの時もしかして疲れてた？」とか、「夜じゃなくて朝のほうがいい？」とか、そういうふうに。

一徹　たしかにそういう会話、大事ですよね。

紗倉　思った時に言うのが一番いいと思うんです。募らせた不満を一気に爆発するっていうかたちじゃなくて、**ご飯を食べた時に「おいしかったー」って言うのと同じような感覚で、カジュアルに話したい**。聞いてみると相手が意外と全然違うこと考えてたりするんですよね。

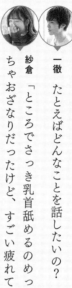

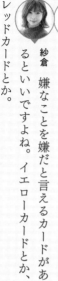

一徹　たとえば？

紗倉　クンニをおろそかにされた時、「あれって嫌だった？」みたいなことを聞いたら、「いや、全然違うんだよ、鼻詰まってててちょっと俺の体調が悪かったから」とか。

一徹　（笑）

紗倉　じゃあアソコが臭かったわけじゃないんだね、ホッ。とか（笑）。そういうやりとりがちゃんとできた時に安心することもあるじゃないですか。だから、私は別にいつでもいいですけどね。

一徹　僕もいつでもいいな。そういえば、昔付き合っていた彼女に「私は中は気持ちよくない」と言ってくれた人がいるんです。それこそAVを見てると、中でイカせる映像が多くて「女の人は激しく突けばめちゃくちゃ声を出して気持ちよくなってくれるもんだ」と思っていた頃ですよね。
でも、そう言ってもらってからは、前戯を大事にするようになりました。どういうふうに触られたり、声をかけられたりするとイキやすいのかも教えてくれたので、それからはそれを粛々と（笑）。

紗倉　それが言える関係性って素敵ですよね。ただ、付き合ってまもない頃には結構難しいと思うんですよ。何回か回数を重ねて、この人と付き合っていくという確信に変わった時に言うのかなって思ったりします。
初めの1回、2回だと、「もしかして？」くらいの疑問符で終わるんですけど、5、6回した時に、「あ、やっぱりこの人、こういうセックスなんだ。これは言おう！」みたいな感じで伝えてきたことが多いかな。
あと、**ひょっとしたらタイミング以上に言い方が大事なのかもしれない**。昔の恋人を引き合いに出すとか、人格否定につながるようなこととか、コンプレックスを刺激するような言い方をせずに伝えるのが大事ですよね。

一徹　たしかに、そうですよね。

紗倉　その人との関係性ができてないと何に傷つくかもわからないですよね。だからやっぱり、関係性ができて初めて話せることなのかもしれない。

男性にかかるプレッシャー

紗倉　話はちょっと変わるんですけれど、私、一度女性相手にプレイをしたAVの撮影の時、ペニスバンドつけて、女性に男性がするような行為をしたことがあったんです。その時、男性ってなんて大変なんだろうって思ったんですよ。足を動かすのも大変だし、体力もいるし。こんなに疲れるものなんだというのを疑似体験して、男性に対する考え方も変わりました。
　それまでは、セックスは男性がリードするものだと思っていたのですが、それ以降は、なんでもリードしてもらうことばかり考えていると申し訳ないなと。

一徹　たしかに、セックスは男性がリードするものという思い込みもあるかもしれない。言われてみれば、女性向けAVも、男性がリードしているほうが多いように思います。

紗倉　女性も潜在的に男性のリードを求めているということなんでしょうかね。でもそれって、男性にとっては結構なプレッシャーだと思うんです。車の運転だって免許を取るまで何度も練習するのに、セックスはいきなり実践になるわけだし。

一徹　**たしかに、「男がうまくリードしなきゃいけない信仰」にプレッシャーを感じている男性も多いかもしれない。**男はどうしてもセックスと人格が結びついちゃっている気がしますよね。セックスがうまくできないと、自分の存在意義に関わるというか。

紗倉　女性も、男性のその気持ちを互いに理解できるようになるといいですよね。
　一方で、男性は自分がリードできるぶん、自分が好きなプレイもしやすいというメリットもあったりするのかな。

一徹　それはあると思う。男は発射も自分のペースでするし、セックスの回数も、結局、発射が1回、2回というカウントになっている感じ。

紗倉　男性にリードしてもらっているぶん、女性は痛みや心配事があっても、それを相手に言いにくいという構図があるのかもしれない。

一徹　もっと主体的に性を楽しむためにも、女性もセックスをコントロールしたり、リードできたりするほうがいいよね。

紗倉　女性のほうも、相手がしてくれたぶんだけ自分もしてあげようというギブ&テイクの気持ちが大事なのかも。

その意味でも、男性用ＡＶを女性が見て、女性用ＡＶを男性が見る、シェアＡＶみたいなのができるといいのかもしれない。お互いの願望や、相手のセックス観がわかる気がしますね。

性の同意問題

一徹　相手を傷つけないように、お互いを尊重し合うことは大事だというのは大前提なんだけど、**最近はその優しさが高じて「傷つける心配があるくらいなら交わらない」と考える人が増えている気がするんだけど、どうだろう。**

紗倉　それも寂しいですね。

一徹　性の同意問題が話題になっていますよね。これからは、ちゃんと確認してからセックスしないと訴えられるかもしれないと、奥手になっている男性が増えている。

この間も、Ｔｗｉｔｔｅｒに「彼とデートして終電を逃した。本当は一緒にホテルに行きたかったんだけれど、自分からは誘えずにいたら、彼が気をつかってタクシー代を渡してくれた。彼は漫喫に泊まるといってその場で別れたんだけど、寂しかった」という内容の投稿があったんです。

紗倉　せつない……。

一徹　この彼のように、恋愛市場から撤退しようとしている男性には、女性がよっぽどわかりやすくＯＫのサインを出してあげないと、そもそもセックスに発展しないという事態が起こってる。

紗倉　女性にとっても、言葉ではっきりＹＥＳを伝えるのって難しいですよね。

一徹　そのハードルがある上に、今はＳＮＳがあるから、一生懸命やったことがうまくいかなかった時にネットにさらされるという恐怖もある。本人にとっては背伸びして買ったプレゼントを、女の子に失笑混じりにさらされたりとか。

紗倉　ええ、それはひどい。

一徹　だったら、もうリアルな恋愛じゃなくて、まなちゃんのように2次元で全部受け入れてくれる映像で満足しようという感じになっちゃうよね。

紗倉　**人とぶつかり合わず、絶対的な味方である画面越しの女性で満足することを、みんな非難しがちですよね。**でも、そこには今一徹さんがおっしゃったような背景がありますよね。いろんな圧があって、性に対して少し臆病になっている。

一徹　いろんな失敗を許容してくれる女性と、それを友達にさらしてしまうような女性と、どうやって見分ければいいんですか？

紗倉　どうなんだろう。私は同じ女性だから、嗅覚でなんとなく「この人は男性を弄んでるな」とか気づく面があるけれど、見た目じゃわからないですよね。

一徹　そこがつかめないから、男性が臆病になっていく。するとさっきのように「終電逃しても誘ってもらえない悲しさ」みたいなところにも、つながっていくと思うんです。

紗倉　ここはたしかにみんなで考えていかなきゃいけない問題ですよね。

物理的な力の差でいえば動物としては男性が絶対的に優位の中、女性の発言権が強くなってきてる傾向自体は、すごくいいことだと思います。女性が抵抗するには言葉しかないわけなのだから、女性がちゃんと発言できることも大事だし、女性を守るための法整備もいい傾向だと思っています。

でも、一方でそれを逆手に取るような抑圧を男性にかけちゃいけない。たとえば男性に期待させるだけさせてしまって、男性が「これは今夜エッチしても大丈夫」だと思えるようなことをしているのに、あとから訴えられるケースもあるとなったら、恋愛が成立しなくなりますよね。セックスがリスキーなものになってしまう。

一徹　たとえば、あの時はOKだったけど、今思い返してみたらやっぱり嫌だったかも、と女性が思った場合、男性側はそれを防ぐ手段がないんですよね。

紗倉　これは本当に難しくて答えがない話ですよね。女性側も恥ずかしくて、「いや、ちょっと今日は……」と言う場合もあれば、本当に嫌で断ってる場合もあるし。ケースバイケースで、言葉での表現って難しい。

しかも、男性が逆のケースで無理やり性的被害を受けるケースもあるわけです。そうなった場合、男性の被害者は女性以上に声を出しにくいという側面もある。

一徹　いろんな話を総合すると、最近では、もうお酒を飲んでセックス誘うのはNGなのかな、と。

紗倉　「酔っ払ってる場合は、正確な判断ができなかったとみなされる」と言われますよね。

一徹　ちょっと前まではみんな一生懸命、おしゃれなバーに女性を誘うために予習していたのにね。いいお店に連れていっておごるのが男気みたいなところがあった。女性のほうにも、お酒があったほうが誘われやすいし、「酔いが回っていたからOKしちゃった」みたいに言いやすかった部分もあると思うんだけどな。

紗倉　いや、それはその通りです。私なんか、お酒という言い訳があるからこそワンナイトラブにたどり着けるタイプだったので（笑）。でも今は、セックスをする時にお酒を使わないと入り込めないのは、だらしないというか、恥ずかしいことなのかなと思うようになっちゃっていますよね。

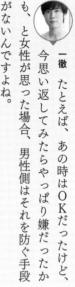

一徹　もちろんお酒を飲ませて無理やりというのは絶対ダメなんだけれど、そこに**極度の潔癖さを求めていくと、どんどんセックスのハードルがあがっていく。**難しい問題ですよね。そうなると、もう面倒だから、ＶＲでいいやってなっちゃいそう……。

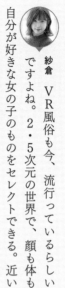

VR時代のセックス

紗倉　VR風俗も今、流行っているらしいですよね。2・5次元の世界で、顔も体も自分が好きな女の子のものをセレクトできる。近い将来には、自分が好きだった元カノとかの写真を使ってその彼女と疑似セックスができるとか、好きな漫画のキャラクターの女の子とセックスができるとか。すごい時代がきていますよね。

一徹　僕たちの仕事、なくなるよね（笑）。

紗倉　私もそれを聞いて、わー、これはAV女優が負けてしまう未来がくるのかなって思ったんですよ。ただ、私その時ちょっと思ったんですが、どれだけVRが浸透しても、女性はやっぱり生身のセックスがいいってなるんじゃないかなって思って。

一徹　その話、聞きたい。

紗倉　男性の場合はTENGAとあったかいローションでオナニーすると、本当に膣っぽい感覚を得られると聞きます。女性器の再現はすごく進化している。だから、男性はもしかしたらVRで満足となるのかもしれないですね。

でも、女性にとっての、入れられる感覚を再現するのって難しいと思うんです。ディルドもあるけれど、機械っぽくて、生々しさが全然違う。

一徹　なるほど。

紗倉　それだけじゃなくて、女性は男性と違ってセックスにゴールを持ちにくい。**男性は射精したらひとつの区切りだけれど、女性はあんまり区切りがないし、セックスに句読点を置きにくいように思うんです。**

だからこそ、女性のほうが性欲以上にそれまでの経緯を大事にしたり、誰とセックスするのかということを大切にする気がして。

一徹　たしかに、女性のほうが、好きな人とエッチがしたいとか、ときめきたいという気持ちが大きいですよね。女性にとって、セックスはコミュニケーションなんでしょうね。

紗倉　そう思います。もちろん、男性もコミュニケーションを求めているのかもしれませんが、女性はよりセックスに自分の女性としての価値を重ねていると思うんです。だから、体を求められなくなったら、寂しい気持ちになったり、自分に価値がないのかなと思ってしまう人も多い。一人の人と長くセックスをし続けたいと思うのも、女性に多いですよね。

男らしさ、女らしさの呪縛から離れる

紗倉　男性がＶＲでセックスをすませてしまう時代になると、今後は女性のほうがセックスできる相手を探すのが大変な時代になるのかもしれない、と思うんです。

一徹　**女性を誘うことに臆病になる男性が増えることは、女性にとっても大変な時代になりますよね。**

紗倉　そう思います。だから、セックスをリードするのは男性だとか、誘う時も男性からとか、そういう概念自体がもう少し薄まってフラットになれば、お互いに楽になれるのかな、と。

一徹　男性も女性も、誘えるようになるといい。

紗倉　**「男らしさ」や「女らしさ」といった概念から自由になれたらいいのに、と思います。**私自身も、男性から誘われるまで待つ自分ではなくて、自分から誘ったりしたいと思いますし。

男性が男らしさで苦しんでいるように、女性も女らしさに囚われている。その境界線を越えられれば、セックスももっと楽しめるんじゃないかなと。

一徹　まなちゃんの言ったとおり、まさにセックスはコミュニケーションなんですよね。「こうでなければならない」という教科書はない。

紗倉　そう思います。自分だけの快楽を求めるのであればオナニーでいいわけで。なぜセックスをするかというと、2人じゃなきゃできないことをするからセックスをするわけですよね。

一徹　最近はセックスのリスクばかり強調されてしまっているけれど、**本来、セックスってもっとシンプルで、好きな人とできる最高に楽しいものであるはず。**だから、お互いに失敗も楽しめる余裕があったほうがいい。

紗倉　役割にしばられずに。

一徹　頭でっかちにならずに。

紗倉　石橋を叩きすぎて割らないように(笑)。

一徹　この本を読んでくれた人たちが、「2人でするセックス」をもっと楽しんでもらえたら嬉しいですね。

おわりに

この本では、僕がＡＶの現場で実際に体験し、女優さんたちの話を聞くなかで考えてきた「セックスのほんとう」について書いてきました。

本の中で男性向けＡＶは「ファンタジー」として、女性向けＡＶは「女性のリアルな願望」として対比しています。しかし、実は女性向けＡＶも多様化していて、男性向けＡＶのような演出をしている作品も多くあります。単純に女性向けＡＶの真似をすればいいというわけではありません。

セックスに正解はない。だからこそ、最高に楽しいセックスのためには、お互いが相手を尊重し、本音で会話することが大切だと思うのです。

最後となりましたが、対談を快く引き受けてくださった紗倉まなさん、お世話になっている制作関係者のみなさん、そして、いつも僕を支えてくれるファンの皆さまと、本書を読んでくださった読者の皆さまに、深く感謝を申し上げます。

２０１９年　６月　一徹

ハ フ ポ ス ト ブ ッ ク ス

ここから会話を始めよう

世界では「分断」が起きている、といわれています。
だが、本当でしょうか。

人は本当に排他的で、偏屈になっているのでしょうか。

家族の間で、学校で、オフィスで、そして国際社会で。さまざまな世間でルールが大きく変わるなか、多くの人は、ごく一部の対立に戸惑い、静かに立ち止まっているだけなのではないのでしょうか。

インターネットメディアのハフポスト日本版と、出版社のディスカヴァー・トゥエンティワンがともにつくる新シリーズ「ハフポストブックス」。
立場や考えが違う人同士が、「このテーマだったらいっしょに話し合いたい」と思えるような、会話のきっかけとなる本をお届けしていきます。

本をもとに、これまでだったら決して接点を持ちそうになかった人びとが、ネット上で語り合う。読者同士、作り手と読者、書き手同士が、会話を始める。議論が起こる。共感が広がる。自分の中の無関心の壁を超える。

そして、ネットを超えて、実際に出会っていく。意見が違ったままでも一緒にいられることを知る。

それは、本というものの新しいあり方であり、新しい時代の仲間づくりです。
世界から「分断」という幻想の壁を消去し、私たち自身の中にある壁を超え、知らなかった優しい自分と、リアルな関わりの可能性を広げていく試みです。

まずは、あなたと会話を始めたい。

2019年4月

ハフポスト日本版編集長　竹下隆一郎
ディスカヴァー・トゥエンティワン取締役社長　干場 弓 子

ハフポストブックス

セックスのほんとう

発行日　2019年　6月30日　第1刷
発行日　2019年　8月23日　第2刷

Author　一徹

Book Designer　佐藤亜沙美
Photographer　川しまゆうこ

Publication　株式会社ディスカヴァー・トゥエンティワン
〒102-0093　東京都千代田区平河町2-16-1 平河町森タワー11F
TEL　03-3237-8321（代表）03-3237-8345（営業）FAX　03-3237-8323
http://www.d21.co.jp

Publisher　干場弓子
Editor　大竹朝子　林拓馬　（編集協力：佐藤友美）

Marketing Group
Staff　清水達也　千葉潤子　飯田智樹　佐藤昌幸　谷口奈緒美　蛯原昇　安永智洋　古矢薫
鍋田匠伴　佐竹祐哉　梅本翔太　榊原僚　廣内悠理　橋本莉奈　川島理　庄司知世
小木曽礼丈　越野志絵良　佐々木玲奈　高橋雛乃　佐藤淳基　志摩晃司　井上竜之介　小山怜那
斎藤悠人　三角真穂　宮田有利子

Productive Group
Staff　藤田浩芳　千葉正幸　原典宏　林秀樹　三谷祐一　大山聡子　堀部直人　松石悠
木下智尋　渡辺基志　安永姫菜　谷中卓

Digital Group
Staff　伊東佑真　岡本典子　三輪真也　西川なつか　高良彰子　牧野類　倉田華　伊藤光太郎
阿奈美佳　早水真吾　榎本貴子　中澤泰宏

Global & Public Relations Group
Staff　郭迪　田中亜紀　杉田彰子　奥田千晶　連苑如　施華琴

Operations & Management & Accounting Group
Staff　小関勝則　松原史与志　山中麻吏　小田孝文　福永友紀　井筒浩　小田木もも　池田望
福田章平　石光まゆ子

Assistant Staff
俵敬子　町田加奈子　丸山香織　井澤徳子　藤井多穂子　藤井かおり　葛目美枝子　伊藤香
鈴木洋子　石橋佐知子　伊藤由美　畑野衣見　宮崎陽子　並木楓　倉次みのり

Proofreader　株式会社鷗来堂
DTP　株式会社 RUHIA
Printing　大日本印刷株式会社

ISBN978-4-7993-2483-7

he true
ng of
X